Peter Eickhoff

111 Düsseldorfer Orte, die man gesehen haben muss

emons:

Bibliografische Information der Deutschen Nationalbibliothek
Die Deutsche Nationalbibliothek verzeichnet diese Publikation
in der Deutschen Nationalbibliografie; detaillierte bibliografische
Daten sind im Internet über http://dnb.d-nb.de abrufbar.

© Hermann-Josef Emons Verlag
Alle Rechte vorbehalten
Gestaltung: Ute Lübbeke, www.LNT-design.de
Fotografien: Peter Eickhoff
Kartographie: Udo Beha

Druck und Bindung: B.O.S.S Druck und Medien GmbH, Goch
Printed in Germany 2012
Erstausgabe 2009
ISBN 978-3-89705-699-2
Originalausgabe

Unser Newsletter informiert Sie
regelmäßig über Neues von emons:
Kostenlos bestellen unter
www.emons-verlag.de

Vorwort

Düsseldorf ist in Bewegung, unruhig und manchmal hektisch. Den Kopf trägt die Stadt momentan gern in futuristischen Wolken, und an ihrer blank polierten Oberfläche lebt sie nach wie vor von den alten Klischees, die suggerieren, dass Düsseldorf ein ewiges Kö Straßenfest sei und ein endloser Laufsteg für den Jahrmarkt der Eitelkeiten. Glücklicherweise ist das Make-up ab und zu verschmiert und die Krawatten sind verrutscht, denn die Düsseldorfer selbst bleiben mit beiden Beinen meist auf dem Boden ihrer städtischen Tatsachen.

Was ist also Düsseldorfs eigentliche urbane Essenz? Und wo sind die mythischen Alltagsorte, die der Stadt ihre unverwechselbare Seele geben? An 111 Orten kommen Sie der Stadt, die sich gerade neu erfindet, auf die Spur. Es sind geheimnisvolle, manchmal fast vergessene, ganz alltägliche und auch sehr lebendige Orte, die wie ein großflächiges Psychogramm darüber Auskunft geben: Wo bringt sich »die längste Theke der Welt« jeden Abend selbst unausweichlich auf den Punkt? Wo liegt das »Reich Beuys«? Wo war die Altstadtkneipe, in der Düsseldorf endgültig den Anschluss an die europäische Moderne fand? Und wo ist die Toreinfahrt, in der Kunstgeschichte geschrieben wurde? Wo wachsen Düsseldorfs südliche Träume unter Palmen in den rheinischen Himmel? Und wo ist die steinerne Hand, die seit 700 Jahren das Böse abwehrt?

Wer auf dem Nordfriedhof, am Grab der ermordeten Edelprostituierten Rosemarie Nitribitt, über die Liebe nachdenken, sich in einem vergessenen Park an Antonionis Thriller »Blow up« erinnern oder den letzten Schritten des »Vampirs von Düsseldorf« folgen möchte, findet in diesem Buch 111 Orte, die jenseits der bekannten Klischees die Stadt von ihren intensivsten Seiten zeigen.

111 Orte

1 _____ Ackerstraße
Ein bisschen Kiez muss sein | 10

2 _____ Der Alte Golzheimer Friedhof
Was lange ruht | 12

3 _____ Die Apsis von St. Margareta
Die Schönheit am Kreuz | 14

4 _____ Das »Aschlökschen«
Plastikstühle mit Rheinblick | 16

5 _____ Das Atelierhaus Walzwerkstraße 14
Die Innenräume der Kunst | 18

6 _____ Die Berger Kirche
Am Ende bleibt das Licht | 20

7 _____ Die Bilker Sternwarte
Benzenbergs Mondfahrt | 22

8 _____ Das Blumenbüdchen am Barbarossaplatz
Seele auf Eis | 24

9 _____ Die Blutkapelle
Hut ab! | 26

10 _____ Die Bolkerstraße
Die lautesten Theken der Welt | 28

11 _____ Der Bootshafen am Unterbacher See
Blick auf einen fernen Strand | 30

12 _____ Der Botanische Garten
Alles blüht | 32

13 _____ Die Burghof-Mauer
Wenn die Sonne versinkt | 34

14 _____ Der Carlsplatz
Das alte merkantile Zentrum | 36

15 _____ Das Carsch-Haus
Ein letztes Mal im Stehn | 38

16 _____ Die Düsseldorfer Malerschule im museum kunst palast
Preußische Anfänge | 40

17 _____ Die Düsselquelle
Am Ursprung | 42

18 _____ Die Ecke Tußmann- und Moltkestraße
Ausgehen in Pempelfort | 44

19 _____ Das Eisstadion an der Brehmstraße
Die Schlittschuhprinzen | 46

20 _____ Das Ende der Zollstraße
Robert Schumann geht ins Wasser | 48

21 _____ Die Engländerwiese
Die Helden von Lohausen | 50

22 _____ Die Esskastanienallee
Herrschaftliches Gehen | 52

23 _____ Die Fähre nach Zons
Mitten im Fluss | 54

24 _____ Das Filmmuseum und die Black Box
Und Action! | 56

25 _____ Der Flinger Broich
Für immer Fortuna | 58

26 _____ Die Frauensteine
Kraft durch Glaube | 60

27 _____ Die Fußgängerbrücke im Medienhafen
Tribüne über dem Wasser | 62

28 _____ Die Galerie Simonis
Das afrikanische Herz | 64

29 _____ Das GAP 15
Immendorffs Affen | 66

30 _____ Die Gehry-Bauten
Tanz der Türme | 68

31 _____ Das Gnadenauge in der Maxkirche
Das Wunder in Zeiten seiner Reproduzierbarkeit | 70

32 _____ Das Goethe-Museum in Schloss Jägerhof
Die Leidenschaft der Sammler | 72

33 _____ Die Goldene Brücke im Hofgarten
Von einem Ufer zum anderen | 74

34 _____ Der Grabbeplatz
Mit gesenktem Haupt | 76

35 _____ Das Grabmal Wilhelms des Reichen
Ohne Pferd | 78

36 _____ Der Greifweg
Am Ende eine Sammlung | 80

37 _____ Die Hand von St. Suitbertus
Im Westen nichts Neues | 82

38 _____ Das Haus der Ey
Nicht mal eine Tafel | 84

39 _____ Das Haus Zum Neuen Schelfisch
Art & Noise | 86

40 _____ Das Heine Haus
Ganz wehmütig | 88

41 _____ Das Hetjens-Museum
Im Porzellan-Laden | 90

42 _____ Am Heyebad
Zweckentfremdet | 92

43 _____ Die Himmelgeister Kastanie
Drum prüfe, was sich ewig bindet ... | 94

44 _____ Der Hungerturm
Nicht vom Brot allein | 96

45 _____ Die Hunsrückenstraße 16
In der Huns Back Street | 98

46 _____ Die internationale Bushaltestelle
Nach dem Container | 100

47 _____ Der Japan Store
Plastic Cosplay Zen | 102

48 _____ Das »Junge Rheinland« im Stadtmuseum
Die Zeitgenossen | 104

49 _____ Das K20
Von hier aus | 106

50 _____ Das K21
Der Zukunft entgegen | 108

51 _____ Die Kaiserpfalz
Von Bischöfen und Söldnern | 110

52 _____ Der Kaiserswerther Deich
Mit Gegenwind | 112

53 _____ Der Karlrobert-Kreiten-Stolperstein
Gegen die Niedertracht | 114

54 _____ Die Killepitsch-Stube
Hautnah & mittendrin | 116

55 _____ Das KIT
Extravaganter Einstieg | 118

56 _____ Die Kölner Straße
Düsseldorfs andere »Kö« | 120

57 _____ Die Konrad Fischer Galerie
Über den Tag hinaus | 122

58 _____ Das Konsortium
Fenster zum Hof | 124

59 ___ Das »Kreuzherreneck«
Für immer und ewig | 126

60 ___ Die Kreuzstation am Lindenplatz
Vergeben, aber doch vergessen | 128

61 ___ Die Kunstakademie
Und immer wieder Hausverbot! | 130

62 ___ Die Kunsthalle
Glorreiche Zeiten | 132

63 ___ Der Lantz'sche Park
Die Toten hinter der Wiese | 134

64 ___ Die Lassalle-Gedächtnisstätte
Der Einzige, vor dem sie Angst hatten | 136

65 ___ Der Malkasten-Park
Bitte lösen Sie ein Ticket! | 138

66 ___ Das marokkanische Viertel
Die Stimmen aus Marrakesch | 140

67 ___ Das Mausoleum in der Andreaskirche
Lauter tote Fürsten | 142

68 ___ Die Münstertherme
Der Sprung ins alte Wasser | 144

69 ___ Die Napoleonsecke im »Schiffchen«
Der Kaiser beim Bier | 146

70 ___ Das Neandertal
Wo alles begann | 148

71 ___ Das Nitribitt-Grab
Die Geliebte einflussreicher Männer | 150

72 ___ Das NRW-Forum im Ehrenhof
Radical Chic | 152

73 ___ Der Oberbilker Markt
Der Platz der Unruhe | 154

74 ___ Der Park am Spee'schen Graben
Tragische Schlachten | 156

75 ___ Das Rahmenmuseum
Kein Bild, das stört | 158

76 ___ Die Ratinger Straße
Alte Liebe | 160

77 ___ Das Ratinger Tor
Säulen aus Athen | 162

78 ___ Der Raum 20
Das Reich Beuys | 164

79 _____ Der Reeser Platz
Relikt aus einer ganz anderen Zeit | 166

80 _____ Der Reinraum
Das Bedürfnis und die Kunst | 168

81 _____ Das Reiterstandbild auf dem Marktplatz
Kein Kaiser von Armenien | 170

82 _____ Die Rheinuferpromenade
Auf dem Asphalt liegt der Strand | 172

83 _____ Die Rheinwiesen
Denn alles Glück will Öffentlichkeit | 174

84 _____ Vor der Rochuskirche
Der Vampir von Düsseldorf | 176

85 _____ Der »Salon des Amateurs«
Kunst kommt von Kneipe | 178

86 _____ Das Schloss in Benrath
Leben nach dem Lustprinzip | 180

87 _____ Das Schloss Mickeln
Die schöne Villa | 182

88 _____ Die Schlosstreppe
Direkt am Rhein | 184

89 _____ Der Schlossturm
Der große Schlaf | 186

90 _____ Die Schöne Aussicht
Die Stadt im Weichzeichner | 188

91 _____ Der Schwanenmarkt
Mit Heinrich Heine | 190

92 _____ Die »Schwarzwald-Christel«
Pink Monday auf der Kirmes | 192

93 _____ Die Seufzer-Allee im Hofgarten
Der Lohn des Wartens | 194

94 _____ Die Siedlung Freie Erde im Eller Forst
Der lange Sommer der Anarchie | 196

95 _____ Das »Souterrain« im »Café Muggel«
Schule des Sehens | 198

96 _____ Das Stadterhebungsmonument
Düsseldorf Rheinstadt | 200

97 _____ Die Stindermühle
Alles beim Alten | 202

98 _____ Das Stoffeler Kapellchen
In größter Not | 204

99 _____ Der Stresemannplatz
Wo der Süden beginnt | 206

100 _____ Der Tausendfüßler
Als die Zukunft begann | 208

101 _____ Der Trödelmarkt am Aachener Platz
Wem die Stunde schlägt | 210

102 _____ Das »Uerige«
Immer gut gelaunt | 212

103 _____ Die Urdenbacher Kämpe
Am Niederrhein | 214

104 _____ Der Volksgarten
Menschen im Park | 216

105 _____ Das Volkshaus
Kapitalistischer Realismus | 218

106 _____ Der Yede-Gör
Sehen und essen | 220

107 _____ Das »zakk«
Alternatives Frühstück | 222

108 _____ Das ZERO-Atelier
Es werde Licht | 224

109 _____ Die »Zicke«
An den Gestaden des Mittelmeers | 226

110 _____ Der Zoo
Aber ohne Tiere | 228

111 _____ Zwischen Luegplatz und Belsenplatz
Die andere Seite | 230

Stadtplan | 232
Übersichtsplan | 236

1 Ackerstraße

Ein bisschen Kiez muss sein

Das plötzliche und allgemeine Interesse an der Ackerstraße erwachte überraschend spät, aber dann heftig, als vor einigen Jahren die vielen kleinen, verlassenen Lebensmittelgeschäfte von Enthusiasten reanimiert wurden, die außerhalb der Innenstadt den nicht ganz abwegigen Traum träumen wollten, sich selbst zu verwirklichen.

Das Viertel um die Ackerstraße, das immer auch anständig kleinbürgerlich durchwachsen war, hatte nach der Invasion von Mega-Supermärkten auf den umliegenden industriellen Brachflächen in Flingern plötzlich genügend leer stehende und vor allem billige Läden, die auch für Berufseinsteiger (und -aussteiger) bezahlbar waren. Es entstanden Cafés, Restaurants und Werkstätten, und die neue Infrastruktur einer bunten und alternativen Szene ist in den letzten Jahren durch einige Galerien noch erhöht worden, die versuchen, nicht nur lokal, sondern in gesamteuropäischen Avantgarde-Traditionen zu denken.

Bereits 1990 war der für Düsseldorf und die europäische Kunst der Moderne so bedeutsame Galerist Konrad Fischer von der Altstadt zur Platanenstraße gezogen, hinter die Ackerstraße am Hermannplatz. Es folgten, mit großem Abstand zu Fischer, risikobereite Produzentengalerien wie »plan.d« oder die zeitweilig exzessiv frequentierte, aber heute nicht mehr existierende Galerie Acapulco.

Dass die Ackerstraße den bunten Stadtteil-Kopf nun weit über der manchmal verwirrend unübersichtlichen Off-Szene trägt, zeigen Galerien wie Ruzicska/Weiss oder der finanziell gut ausgestattete Newcomer Viktor Grray.

Auch die Restaurants in der Ackerstraße kochen nicht mehr nur auf kleiner, autodidaktischer Ethno-Flamme: »Bonsoir Maurice« und »Architektur & Esskultur« haben unterschiedliche, aber durchaus kosmopolitische Küchen-Formate. Und das kürzlich vom Himmel gefallene »Café Hüftgold« befriedigt auch in der jüngeren Kiez-Szene die sehr alte und harmlose, von Müttern und Tanten vererbte Lust nach Kaffee und leckerem Kuchen.

Adresse Ackerstraße | **ÖPNV** Straßenbahn 709, 719, Haltestelle Birkenstraße; Bus 834, Haltestelle Hermannstraße | **Öffnungszeiten** Ganzjährig | **Tipp** Intensiv begrünt, kinder-, hunde-, lese- und gedankenfreundlich ist der nahe Hermannplatz zwischen Ackerstraße und Birkenstraße fast idyllisch.

2 Der Alte Golzheimer Friedhof

Was lange ruht

Flüsse und Friedhöfe haben gemeinsam, dass man ganz unwillkürlich über das Leben nachdenkt, wenn man sie betrachtet. Beide sind Sinnbilder der Vergänglichkeit, und wer von einer in eine andere Welt wechselt, wird entweder am Ende des richtigen Lebens oder in seinen mythischen Vorstellungen Bekanntschaft mit dem einen oder dem anderen Ort machen. In seinen Anfängen, am Anfang des 19. Jahrhunderts, lag der Golzheimer Friedhof nördlich der Stadt, noch vor ihr, und direkt am Ufer des Rheins – ein philosophischer Ort, der von den poetischen und frühromantischen Neigungen der ersten Bewohner dieses Friedhofs zeugt. Leider floss der Rhein irgendwann weiter westlich, Fußball- und Grillwiesen schoben sich zwischen ihn und die Gräber, und Stadtplaner mit ihrem ganz eigenen poetischen Potenzial teilten den Friedhof mit einer vierspurigen Straße in zwei gleich große Teile. Das neue Verwaltungsgebäude der Victoria Versicherung nimmt ihm neuerdings die hoffnungsfrohe Morgensonne, also den lichten Anfang, der erst das dunkle Ende aller Tage erträglich macht.

Aber dennoch hat der unter Denkmalschutz stehende Friedhof, der 1906 seine letzte Beerdigung erlebte, etwas von seiner mortalen Sinnlichkeit behalten. Die verwitterten und schiefen, teils umgestürzten Grabsteine zeigen Namen, die keiner mehr kennt, und ihre porösen Inschriften sind manchmal nur noch mit den Händen zu ertasten. Sie sind zu Denkmalen ihrer selbst und einer alten repräsentativen Grabkultur geworden und zu Erinnerungssteinen für die prominenten Düsseldorfer, deren allerletzte Reste unter ihnen begraben liegen: die Maler Alfred Rethel und Friedrich Wilhelm von Schadow etwa oder der Dramatiker Carl Leberecht Immermann sowie der Gartenarchitekt Maximilian Friedrich Weyhe (1775–1846). Besucher gibt es hier kaum: ein paar Spaziergänger, Coffee-to-go-Trinker aus den umliegenden Büros, Musikstudenten der nahe gelegenen Robert-Schumann-Hochschule, die Partituren vor sich hin summen, und Hundeliebhaber, die demonstrativ darauf achten, dass ihre Lieblinge, zumindest vor Publikum, die Grabsteine respektieren.

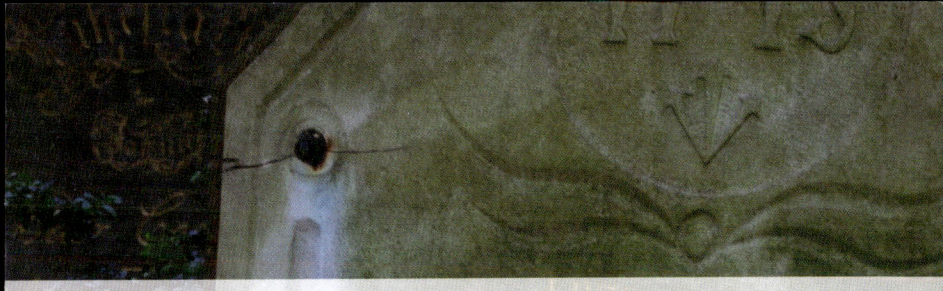

Adresse Fischerstraße/Kleverstraße | **ÖPNV** U78, U79, Haltestelle Victoriaplatz/
Kleverstraße; Bus 722, Haltestelle Victoriaplatz/Klever Straße; Straßenbahn 701, 707,
711, 715, Haltestelle Nordstraße | **Öffnungszeiten** Ganzjährig | **Tipp** Unmittelbar
südlich des Friedhofs steht das älteste und schönste Düsseldorfer Atelierhaus, Sittarder
Straße 5, das 1908 eröffnet wurde.

3 Die Apsis von St. Margareta

Die Schönheit am Kreuz

Bedeutend ist seine kunsthistorische Einordnung. Denn das Gerresheimer Kruzifix gehört mit dem Gerokreuz im Kölner Dom zu den wenigen noch erhaltenen ottonischen Monumentalskulpturen und zu den ältesten bekannten Hochkreuzen. Aber noch bedeutender ist seine Schönheit. Die des ottonischen Christus ist so atemberaubend und einzigartig, dass man sich in der Apsis der Basilika St. Margareta auch als Ungläubiger der apodiktischen Vermutung von Papst Benedikt XVI. anschließen möchte, nur die Schönheit könne die Welt noch retten. Der Christus aus dem 10. Jahrhundert sieht so sensibel menschlich aus, als schlafe er – die Augen geschlossen, in sich versunken und träumend; der letzte Gerechte, kein enttäuschter Gott, aber auch kein leidender Mensch.

Nur die Risse in seinem hölzernen Körper und die letzten Spuren seiner einstigen Bemalung weisen auf ein Leiden hin, das die Zeit mit sich bringt und das für jeden gilt.

Die ehemalige Stifts- und heutige Pfarrkirche St. Margareta besitzt mit dem Kruzifix und den spätromanischen Apsismalereien Kunstwerke von universalem Rang. Die Ausmalungen der Apsis stammen aus der Entstehungszeit der Basilika, der ersten Hälfte des 13. Jahrhunderts, und zeigen die Dreifaltigkeit in Form des sogenannten »Gnadenstuhls«: Gottvater hält den gekreuzigten Christus vor sich, die Taube als Symbol des Heiligen Geistes schwebt zwischen ihnen. Gerahmt werden sie von den vier Evangelisten.

An der Stelle der bis heute erhaltenen, 1220–1230 erbauten dreischiffigen Kreuzbasilika stand eine 905 bereits urkundlich erwähnte, dem heiligen Hippolyt geweihte Stiftskirche. Gerresheim wird von Stadthistorikern die erste christliche Gemeinde, sozusagen die Urpfarrei von Düsseldorf, zugeordnet.

Die ursprüngliche Stiftskirche wurde seit Ende des 18. Jahrhunderts als Pfarrkirche genutzt. Nach Aufhebung des Stiftes 1803 wurde sie 1810 endgültig der katholischen Gemeinde Gerresheim übertragen und nach der heiligen Margareta umbenannt.

Adresse Gerricusplatz | **ÖPNV** Straßenbahn 703, Haltestelle Gerresheim-Rathaus; Bus 733, 738, 781, Haltestelle Gerresheim-Rathaus | **Öffnungszeiten** Täglich 10–12 und 15–17 Uhr | **Tipp** Hinter einer Toreinfahrt an der östlichen Seite des Gerricusplatzes liegt der sagenumwobene und von romantischen Malern gern dramatisch ins Bild gesetzte Quadenhof, der im 15. Jahrhundert als Burg- und Vogthaus errichtet wurde.

4   Das Aschlökschen

Plastikstühle mit Rheinblick

Die Gartenwirtschaft mit dem irritierenden Namen liegt exakt auf der Grenze zwischen Düsseldorf und Duisburg. Phonetisch ist das »Aschlökschen« immer einen Lacher, zumindest einen intensiven Schmunzler wert, und nur die staubtrockene, geradezu schulmeisterliche Erklärung, dass sich der Name nicht vom rheinisch so geliebten und oft angesprochenen »Arsch«, sondern ganz einfach von »Asche« ableitet, verhindert eine anhaltende karnevaleske Ausgelassenheit. Hier wurde irgendwann, als das »Aschlökschen« noch eine Trinkhalle war, Asche aus den Hochöfen und Stahlwerken gelagert, bevor sie, aber so genau weiß das niemand mehr, auf Schiffe verladen wurde. Das ehemals schwarzverrußte Ruhrgebiet beginnt gleich einen Steinwurf hinter den Feldern im Norden, aber weil die Erklärung so nüchtern und unsinnig klingt, nennen die meisten, die hier die Welt in ihre tagesaktuellen Einzelheiten zerlegen, das »Aschlökschen« nach dem Wirt, der Kalli heißt.

Beim Kalli ist Selbstbedienung. Man holt sich das Flaschenbier direkt in der kleinen Bude, die vor mehr als 30 Jahren die Urzelle dieser Oase der feierabendlichen Selbstbestimmung war. Es riecht nach Gartenfest und Laubenglück, nach Kartoffelsalat mit Brühwürstchen, nach Erdnüssen und gebeiztem Holz, das in der Sommersonne warm geworden ist.

Auch die gestapelten Plastikstühle, die die eigentliche Attraktion des »Aschlökschens« sind, holt man sich selbst (und bringt sie natürlich auch wieder zurück). Man stellt sie sich vor die Gartenhecke und blickt der Sonne hinterher und zum Rhein, auf dem die Containerschiffe behäbig flussaufwärts schieben, während man selbst überhaupt nichts tut. Der gigantische Hochspannungsmast direkt neben der Gartenwirtschaft kann die Idylle der Abendphilosophen nicht stören, und auch die härtesten Tour-de-France-Nachahmer in ihren spacken und bunten Reklameklamotten trinken sich manchmal so richtig hemmungslos fest, weil es hier tatsächlich am schönsten ist.

Adresse Am Hasselberg 290 | **ÖPNV** U79, Haltestelle Wittlaer | **Öffnungszeiten** Im Sommer Mo, Di, Do, Fr 11–14.30 und 15.30–21.30, Sa 11–21.30, So 10–21.30 Uhr, Mi geschlossen | **Tipp** Richtung Kaiserswerth führt parallel zum Rhein als Rad- und Fußgängerweg ein alter Lein- oder Treidelpfad, von dem aus die Rheinschiffe flussaufwärts von Pferden gezogen wurden.

5 Das Atelierhaus Walzwerkstraße 14

Die Innenräume der Kunst

An Ateliers gibt es in Düsseldorf keinen Mangel, da bei fast jedem Fabrikgebäude, das geschlossen werden muss, überlegt wird, ob es nicht zu einem Atelierhaus umgebaut werden könnte. Dieser kulturpolitische Reflex hat in den letzten Jahren zu einem guten Dutzend Atelierhäusern geführt, die aus ehemaligen Industriegebieten kreative Reservate machten.

Die dennoch etwas disparate Situation, in der die meisten Akademieabsolventen und KünstlerInnen leben, besteht deshalb nicht im Fehlen von Arbeitsräumen, sondern eher in einem Fehlen von Ausstellungsmöglichkeiten.

Das Atelierhaus an der Walzwerkstraße verfügt als einziges gleich über vier unabhängig voneinander arbeitende Ausstellungsräume und ist damit praktisch aus dem Stand zu einem Zentrum junger, avantgardistischer und zumindest noch nicht kommerziell etablierter Kunst in Düsseldorf geworden.

In den ehemaligen Leitz-Werken werden etwa 70 Ateliers von der Stadt und dem Hauseigentümer Gil A. Bronner vermietet, dessen eigene ständig wachsende Sammlung gegenwärtiger Kunst nach Voranmeldung besichtigt werden kann. Die Stadt vermietet nicht nur, sondern ermöglicht im Ausstellungsraum »WalzWerk 0« jungen Künstlern, vorzugsweise aus dem Umkreis der Akademie, Ausstellungen der freien Kunstszene nach eigenen Vorstellungen zu kuratieren, was ja mittlerweile fast reizvoller als das Produzieren selbst geworden ist. Hier kann dann schon einmal die andere Perspektive des Kunstbetriebs eingeübt werden.

Im Untergeschoss mit weitläufigem Tiefgaragencharme (150 Quadratmeter) präsentieren Künstler des Atelierhauses, die sich als Gruppe »liaison controverse« nennen, in unregelmäßigen Abständen ihre eigenen Arbeiten und Werke von Gastkünstlern, die jeweils stark auf den Raum Bezug nehmen.

Vor einem Besuch sollte man sich auf alle Fälle im Netz orientieren, was wo gerade läuft.

Adresse Walzwerkstraße 14 | **ÖPNV** S6, Haltestelle D-Reisholz; Bus 789, 835, Haltestelle S-Bahnhof D-Reisholz | **Öffnungszeiten** Zu den Ausstellungen Sa 14–17, So 11–14 Uhr und nach Vereinbarung, Infos unter: www.philara.de | **Tipp** Unübersehbar und beeindruckend sind die Henkel-Werke in Holthausen, die etwa ein Viertel dieses Stadtteils einnehmen und deren Gesamtfläche auf 1,5 Quadratkilometer geschätzt wird.

6 Die Berger Kirche

Am Ende bleibt das Licht

Eigentlich ist sie nie fertig geworden, und auch nach mehr als 300 Jahren fehlen ihr noch immer der Turm und auch die Glocken. Trotz Kollekten, die ihretwegen bis nach Danzig und sogar ins baltische Riga abgehalten wurden, kam das fehlende Geld auch mit protestantischem Sammeleifer nicht zusammen. Sogar reformierte Könige wurden um Spenden gebeten, aber sie blieb, was sie von Anfang an war: ein schlichter und bescheidener Ziegelbau, der hinter dem heute nicht mehr existierenden Haus »Zum Palmenbaum« 1687 geweiht wurde. Damals, in konfessionell harten und auf Abgrenzung ausgerichteten Zeiten, war es den Lutheranern und Protestanten verboten, direkt und sichtbar an den Straßen zu bauen. Ihre Kirchen kamen in die Hinterhöfe. Als die Stimmung toleranter und die Gleichstellung der Glaubensauslegungen Gesetz wurde, riss man die den Kirchen vorgelagerten Häuser meist ab (wie bei der Neanderkirche in der nahen Bolkerstraße), aber die Berger Kirche blieb in der Altstadt versteckt hinterm »Palmenbaum« fast unsichtbar und kaum im Bewusstsein der Altstädter – was vielleicht auch damit zusammenhing, dass die Kirche viele Jahre nicht von Düsseldorfern, sondern von hier lebenden Niederländern und Engländern genutzt wurde.

Seit 2003 präsentiert sie sich neu und leuchtend. Der in Frankfurt lehrende Künstler Tobias Rehberger hat sie gestaltet und einen leuchtenden Altar aus weißem Acrylglas in ihren Mittelpunkt gestellt. Über eine Standleitung ist der Altar mit der evangelischen Johanneskirche (Stadtmitte), der katholischen Lambertuskirche (Altstadt) und der griechisch-orthodoxen Agios-Andreas-Kirche (Reisholz) verbunden. Die akustischen Signale aus den Innenräumen der Kirchen werden in diesem meditativen Gesamtkunstwerk zu Lichtsignalen umgewandelt, die die leuchtende und verbindende Kraft christlicher Glaubensrichtungen in Düsseldorf symbolisieren sollen.

Nach ihrer Renovierung versteht sich die Diakoniekirche als Forum und Ort sozialer Begegnungen.

Adresse Berger Straße 18 | **ÖPNV** U70, U74, U75, U76, U77, U78, U79, Haltestelle Heinrich-Heine-Allee; Straßenbahn 703, 706, 712, 713, 715, Haltestelle Heinrich-Heine-Allee | **Öffnungszeiten** Mo–Fr 15–18 Uhr und zu den Veranstaltungen | **Tipp** Das andere, allerdings wesentlich bedeutendere protestantische Gotteshaus in der Altstadt ist die 1683–1687 errichtete Neanderkirche, benannt nach dem Pastor und Liederdichter Joachim Neander. Kunsthistorisch besonders interessant ist die barocke Kanzel nach einem Entwurf von Michael Cagnon.

7 Die Bilker Sternwarte

Benzenbergs Mondfahrt

Nur noch das ausgeglühte Fernrohr ist da. Es ist auf den Wetterhahn von Alt St. Martin gerichtet und beschwört verhalten diesen seit 1943 vergangenen Ort, als die Bilker Sternwarte während eines Luftangriffs in Flammen aufging. Damals war sie gerade 100 Jahre alt, eine private Sternwarte, die warum auch immer von ihrem Begründer, dem Physiker und Astronom Johann Friedrich Benzenberg, »Charlottenruhe« genannt wurde. Benzenberg vermaß den Himmel, den er über Düsseldorf durch den Rauch der vielen Kamine sehen konnte, und sein hauptsächliches Hilfsmittel war der in seinen metallischen Resten erhaltene Refraktor, ein damals sehr modernes Linsenfernrohr, das heute, wenn es nicht demoliert wäre, an Peterchens Mondfahrt erinnern würde und an die aufgeräumte Welt von Kinderbüchern.

Benzenberg hatte schon 50 Jahre vor den Versuchen von Jean Bernard Foucault, die dieser mit seinem berühmten Pendel im Panthéon in Paris vornahm, einen mechanischen Nachweis der Erdrotation erbracht. Vom Turm der Hamburger Michaelis-Kirche ließ Benzenberg Bleikugeln fallen, die nicht (wenn die Erde sich nicht um sich selbst drehen würde) im rechten Lot, sondern leicht versetzt auftrafen. Der berühmte Mathematiker Karl Friedrich Gauß diskutierte Benzenbergs Versuche und bestätigte sie mathematisch. Dennoch blieb Benzenberg relativ unbekannt, im Gegensatz zum Autodidakten Foucault, der für seine Versuche in die weltweit renommierte französische Akademie der Wissenschaften aufgenommen wurde.

Sterne entdeckte Benzenberg keine, aber einer seiner Nachfolger, Karl Theodor Robert Luther, konnte von Bilk aus unbekannte Asteroiden identifizieren, die als »Bilker Planeten« in die Annalen der Himmelsstürmer eingingen. Insgesamt wurden 24 Asteroiden von Bilk aus entdeckt, der letzte 1890 mit der Registriernummer 288. Da heute etwa 450 000 kleine Himmelskörper entdeckt und katalogisiert sind, gingen die Bilker Asteroiden irgendwann wieder unter und verschwanden im Dunkel des Universums und auch aus dem Bewusstsein der Bilker und Düsseldorfer.

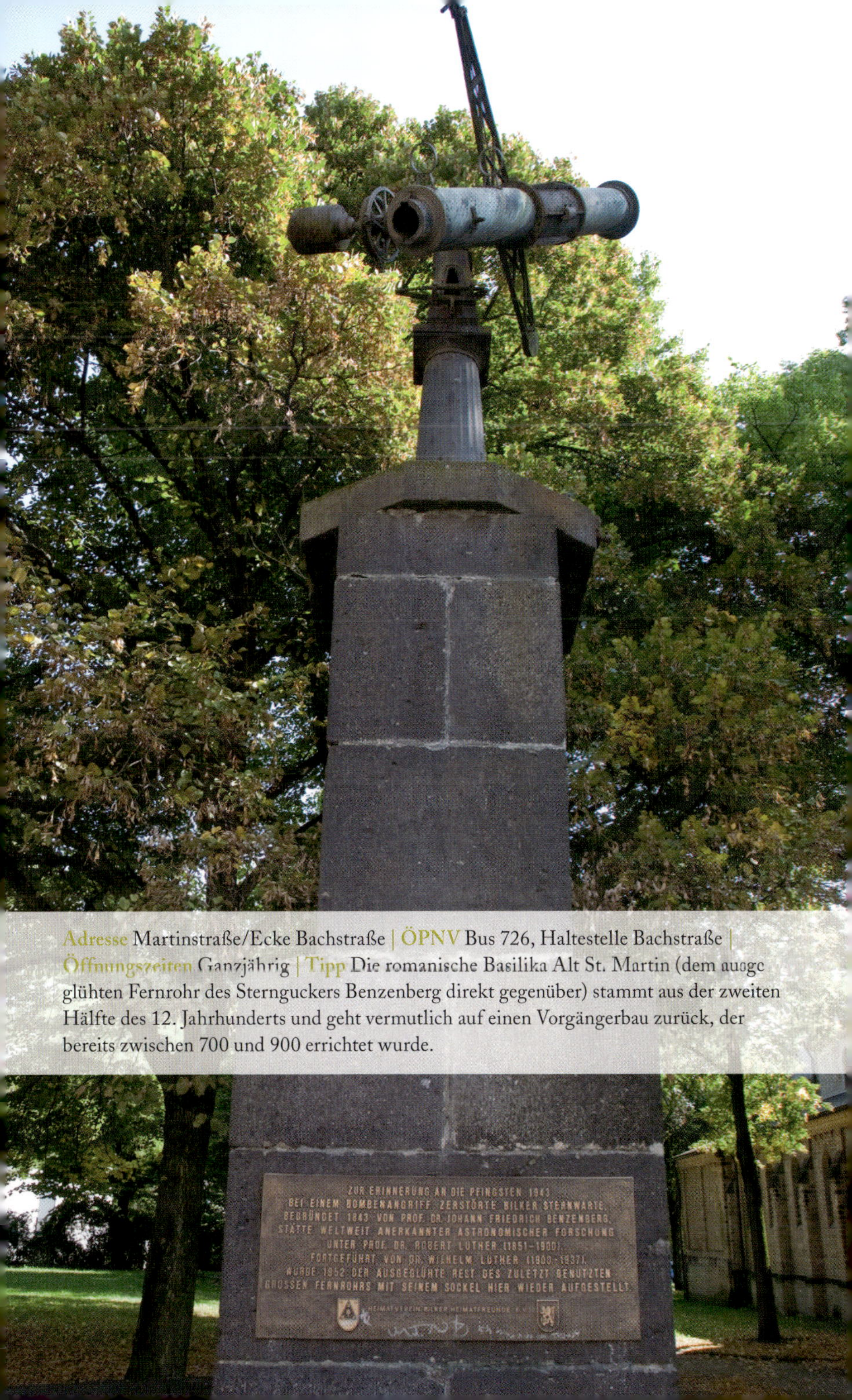

Adresse Martinstraße/Ecke Bachstraße | **ÖPNV** Bus 726, Haltestelle Bachstraße | **Öffnungszeiten** Ganzjährig | **Tipp** Die romanische Basilika Alt St. Martin (dem ausgeglühten Fernrohr des Sternguckers Benzenberg direkt gegenüber) stammt aus der zweiten Hälfte des 12. Jahrhunderts und geht vermutlich auf einen Vorgängerbau zurück, der bereits zwischen 700 und 900 errichtet wurde.

ZUR ERINNERUNG AN DIE PFINGSTEN 1943
BEI EINEM BOMBENANGRIFF ZERSTÖRTE BILKER STERNWARTE.
BEGRÜNDET 1843 VON PROF. DR. JOHANN FRIEDRICH BENZENBERG.
STÄTTE WELTWEIT ANERKANNTER ASTRONOMISCHER FORSCHUNG
UNTER PROF. DR. ROBERT LUTHER (1851–1900).
FORTGEFÜHRT VON DR. WILHELM LUTHER (1900–1937).
WURDE 1952 DER AUSGEGLÜHTE REST DES ZULETZT BENÜTZTEN
GROSSEN FERNROHRS MIT SEINEM SOCKEL HIER WIEDER AUFGESTELLT.

8 Das Blumenbüdchen am Barbarossaplatz

Seele auf Eis

Es sind einfach zu viele Erinnerungen mit ihm verknüpft. Sieberichs Blumenbüdchen existiert als alter Fachwerk-Pavillon vermutlich seit dem Ende des 19. Jahrhunderts, und zumindest in seinen Anfängen, als es noch keine seelenlosen Automaten gab, verkauften hier richtige Menschen Fahrkarten für die Rheinbahn. Als Letzter seiner Art ist er erhalten geblieben, ein also durchaus charmanter und menschlicher Ort, der etwas von der guten alten Zeit transportiert, die im wohlhabenden Oberkassel immer besonders gut gewesen sein muss.

Seit 25 Jahren verkauft Kurt Sieberich in diesem Pavillon Blumen an Menschen, die einen schönen Anlass haben, anderen eine Freude zu machen. Kinder beschenken ihre Mütter; Liebhaber beschenkten diese Mütter, als sie noch keine Mütter waren, und Ehemänner beschenken ihre Frauen, um wiedergutzumachen, was wiedergutgemacht werden muss, und mit den schönen, frischen Blumen hat man die Sonntagnachmittagskuchentische geschmückt, die Arbeitszimmer der Kreativen und die prächtigen Wohnzimmer der Etablierten in den Bürgerhäusern.

Es sind also so viele Erinnerungen mit diesem Blumenpavillon verbunden, dass er tief in der kollektiven Seele der einflussreichen und gelegentlich energisch auftretenden Oberkasseler wurzelt, ein durch und durch sentimentaler Ort, den niemand aufgeben möchte.

Als der Pachtvertrag im Jahr 2009 nicht verlängert werden sollte und das Gerücht durch die bürgerlichen Straßen jagte, dass hinter der Aktion ein italienischer Geschäftsmann stecke, der mit seinen Lokalen den Platz bereits umstellt und hier eine Eisbude eröffnen wolle, zeigten die Oberkasseler, dass in ihrem Viertel für Geld viel, aber eben nicht alles zu haben ist.

Sie protestierten in persönlichen Schreiben bei der Rheinbahn, brachten Petitionen ein und sammelten Unterschriften. Der wache Bürgersinn nutzte seinen Einfluss so treffsicher, dass die Rheinbahn einen dramatischen Imageverlust riskierte, hätte sie den Vertrag nicht schnell verlängert, was sie dann auch tat.

Adresse Luegallee 73 | **ÖPNV** U70, U74, U75, U76, Haltestelle Barbarossaplatz |
Öffnungszeiten Mo–Fr 9–18.45, Sa 9–17.45, So 10–15 Uhr | **Tipp** Die vom Düsseldorfer
Lokalmatador Joseph Kleesattel entworfene Antoniuskirche war 1910, in ihren Anfängen,
noch größer, schöner, höher und imposanter. Bombentreffer am Ende des Krieges zwangen
dazu, die Türme zu kürzen und die Seitenschiffe zu verkleinern.

9 Die Blutkapelle
Hut ab!

Wer sucht, der findet, und wer Augen hat, wird sehen: Deshalb überwog die Freude und nicht die Skepsis, als der Ritter von Eller erschöpft, aber glücklich, und gewissermaßen mit vollen Händen vom 5. Kreuzzug im Jahr 1221 aus dem Heiligen Land nach Gerresheim zurückkam. Auf dem Berg Golgatha, an der Stelle der Kreuzigung, hatte der Ritter Erde vermischt mit dem Blut Christi gefunden, das aus seinen Wunden herabgetropft war und sich bis zur Entdeckung durch den Ritter wundersam erhalten hatte.

Aufbewahrt wird die Blutreliquie nicht mehr, wie es der Ritter aus Eller vorgesehen hatte, in der von ihm gestifteten Kapelle, sondern in der nahen Pfarrkirche St. Margareta. Die ursprüngliche Kapelle existiert nicht mehr. Die heutige Kapelle ist eine barocke Neuauflage aus dem Jahr 1725, die allerdings für gewöhnlich verschlossen und nur von außen und vom Bürgersteig aus zu betrachten ist.

Am Tag ihrer Prozession wird die Reliquie in ihrer Monstranz von der St.-Sebastianus-Schützenbruderschaft unter einem Baldachin durch Gerresheim geführt. Nachweislich seit 1598 ist die Kapelle Ziel der Gerresheimer Blutprozession, die alljährlich am Sonntag nach Fronleichnam stattfindet und mit der sogenannten Blutkirmes verbunden ist, einem einwöchigen Volksfest.

Indirekt soll die blutgetränkte Erde vom Berg Golgatha auch für den Bau der gegenüberliegenden evangelischen Stadtkirche verantwortlich sein. Zumindest in Gerresheim wird kolportiert, dass Ferdinand Heye, der Gründer und Besitzer der bis zum PET-Flaschen-Zeitalter in diesem Stadtteil alles beherrschenden Glashütte, der Blutprozession beiwohnte. Als die Reliquie vorbeigetragen wurde, nahm der Protestant Heye den Hut nicht ab, was einen fundamentalistischen Katholiken dazu bewogen haben soll, ihm den Hut vom Kopf zu schlagen. Heye, der sich tief beleidigt fühlte, soll daraufhin den Bau einer großen protestantischen Kirche an dieser Stelle veranlasst haben, um die kleine Kapelle gegenüber und ihre Reliquie gleichsam in den Schatten zu stellen.

Adresse Pilgerweg/Ecke Heyestraße | **ÖPNV** Straßenbahn 703, Haltestelle Hardenberg-straße; Bus 737, Haltestelle Hardenbergstraße | **Öffnungszeiten** Ganzjährig (außen), an-lässlich der Blutprozession (So nach Fronleichnam) oder nach Absprache | **Tipp** Im Wald über Gerresheim, auf dem Gallberg, befand sich eine von dunklen Geschichten umrankte Richtstätte, deren Galgen weit sichtbar waren.

10 Die Bolkerstraße

Die lautesten Theken der Welt

Wie über keine andere der etwa 2 600 Düsseldorfer Straßen lässt sich über diese sagen, dass sie tatsächlich Geschmacksache ist. Der Dichter Heinrich Heine, der hier 1797 in einem Hinterhaus des Hauses Nr. 53 geboren wurde, wird gern mit der Lieblingszeile aller Bolkerstraßenvermarkter zitiert, dass ihm »ganz wunderlich zumute wird«, wenn er in der Ferne an sie denke, und er gleich nach Hause gehn möchte. Das wird nicht jedem so gehen, der an sie denkt, und in über 200 Jahren hat sich eine Menge Abfall auf ihrem Trottoir angesammelt, und auch der gegenteilige Wunsch, nämlich das Weite zu suchen, wäre nicht überraschend. Heine kam übrigens auch nie zurück und beließ es bei schönen Erinnerungen.

Die Bolkerstraße ist Anziehung und Abschreckung zugleich. Vor allem abends und am Wochenende übt sie eine starke Anziehungskraft auf Menschen aus, die gern in Gruppen gehen und dabei laut schreien. Hier ist immer Kirmes, man geht dicht gedrängt, was zu allerlei Missverständnissen führt, gibt sich gern ordinär bis vulgär, und an besonders heiklen Wochenenden, wenn die Kioske leer gekauft und die Bierflaschen wie aufgeschreckte Tauben durch die Luft fliegen, riegelt die Polizei die Straße auch mal ab. Von sensiblen Polizisten las man schon, dass sie Angst hätten, die Straße ohne Verstärkung zu betreten.

Respektlose Junggesellenabschiednehmer, Fußballfans und Männer, die selbst auf der Bolker keine Frau abkriegen, sorgen für eine leicht entflammbare Mischung. Die Kneipen sind eigentlich wunderbare und schnelle Kontaktbörsen, unkompliziert, brüllend laut und musikalisch mit allen Smash Hits der letzten 50 Jahre intensiv beschallt. Zwischen Schlager und Heavy Metal hängen sich die Herzen und emotionalen Kurzschlüsse auf. Kaufen kann man in den Discotheken und Kellerlokalen so ziemlich alles, was Glanz in die Nächte zaubert.

Und ganz harte Abenteuerreisende, die den letzten Kick erleben wollen, gehen auf der Bolker sogar etwas essen.

Adresse Bolkerstraße | **ÖPNV** U70, U74, U75, U76, U77, U78, U79, Haltestelle Heinrich-Heine-Allee; Straßenbahn 703, 706, 712, 713, 715, Haltestelle Heinrich-Heine-Allee | **Öffnungszeiten** Ganzjährig | **Tipp** Mitten in der Altstadt gelegen ist die Bolkerstraße besonders gut in die wilde Nachtseite des Lebens eingebettet. Kneipenmäßig stark besetzt, aber mit wesentlich weniger Mainstream, ist die parallel zu ihr verlaufende Kurze Straße.

11 Der Bootshafen am Unterbacher See

Blick auf einen fernen Strand

Die bunten Wimpel flattern im Wind, der von der Seeseite her auffrischt. Am Steg dümpeln die fest vertäuten Segelboote leicht im Wasser, wenn die Wellen längsseits gegen sie schlagen. Der Mann, der über den Bootssteg geht, in weißen Hosen und mit goldbesetzter Schirmmütze, sieht tatsächlich aus wie ein echter Kapitän, und am Ende des Stegs steht er dort wie der blonde Hans in dem Film »Große Freiheit Nr. 7«, der im Vergnügungsviertel von St. Pauli spielt. Der Kapitän sieht hinüber zu den beiden Jungs, die ihr Boot ungeschickt gegen den Wind und dann kieloben ins Wasser gelegt haben.

Die Zuschauer auf den Hafenbänken freut das. Es ist was los auf dem Wasser, und die Illusion ist fast perfekt: Dies hier könnte ein richtiger See sein, denn eigentlich erinnert auch nichts mehr daran, dass er einst nichts anderes als ein sehr großes Baggerloch war, aus dem Sand und Kies geholt wurden. Der See zeigt, dass er heute einer ist, mit tückischen Winden und Seegang, der ein kleines Segelboot umschmeißen kann, wenn man nicht aufpasst und die Segel falsch gesetzt hat.

Man schaut von hier aus hinüber zur Vogelinsel und zum Strandbad gegenüber, aus dem man entfernt Kinder hört, die immer schreien, wenn sie im Wasser sind. Ein Tretschwan mit einer winkenden Familie fährt in unbestimmten Bögen etwas ziellos umher zwischen anderen Tretbooten und einem Schwarm Gänse, die in Formation auf dem Wasser treiben.

Die Tage vergehen am Bootshafen besonders leicht, eine Sommerfrische, die sich selbst genügt und keine Ansprüche stellt, sondern nur möchte, dass die Zeit angenehm und unaufgeregt verstreicht. Die meisten, die hier sitzen, sind schon etwas älter und im Ruhestand, freundliche Rentner, die in der Sonne vor sich hindösen und über das glatte Wasser in die aufgeräumte Leere eines schönen Nachmittags gucken.

Es riecht nach Kaffee und Limonade, nach Würsten und angeschmortem Fleisch von den nahen Grillplätzen, die gleich nebenan hinter dem Bootsverleih sind.

Adresse Kleiner Torfbruch 31 | **ÖPNV** Bus 735, Haltestelle Düsseldorf Seeweg | **Öffnungszeiten** 28. März–31. Oktober | **Tipp** Um den See herum führen einige Rad- und Wanderwege bis ins Bergische Land, das irgendwo hinter Erkrath und Mettmann beginnt. Beliebt und an heißen Tagen überlaufen sind die beiden Strandbäder am Nord- und Südufer des Sees.

12 Der Botanische Garten

Alles blüht

Auch wenn man noch nie darüber nachgedacht hat – so ungefähr könnten atmosphärische Rettungsinseln aussehen, in die als letzte Hoffnung, auf der Erde weiterleben zu können, bedrohte Pflanzen verbracht werden, kurz vor dem klimatischen Super-GAU.

Futuristisch sieht diese florale Arche Noah aus, ganz so, als habe die Zukunft bereits begonnen – ein Kuppelbau aus Glas und Stahl, der wie eine Halbkugel im Botanischen Garten der Heinrich-Heine-Universität etwa 20 Meter weit in den Himmel ragt. Auf 1 000 Quadratmetern sind 400 Pflanzenarten untergebracht, vor Wind und Wetter und vor regnerischen Säureattacken geschützt, und diese enorme kooperierende Dichte in dieser künstlichen Welt im Glashaus lässt tatsächlich hoffen, dass es im Fall des klimatischen Super-GAUs künstliche Inseln geben wird, die daran erinnern, was man alles draußen, in der alten Welt, so ignorant aufs Spiel gesetzt und verloren hat.

Der Botanische Garten wurde 1974 angelegt. Auf sieben Hektar sind heute etwa 6 000 Pflanzenarten zu besichtigen und vor allem zu bestaunen, und man kann sich kaum der Erkenntnis entziehen, dass der Planet der fehlentwickelten Affen eigentlich ein Planet der schönen und selbstlosen Pflanzen ist.

Die ganze satte evolutionäre Pracht ist thematisch in Gewächshäusern und auf dem Freigelände in kleinen Biotopen gruppiert, die durch Spazierwege miteinander verbunden sind.

Man geht praktisch einmal um die Welt, von Mitteleuropa über die Kontinente bis ins südliche Afrika hinein. Klimazonen wurden geschaffen und bepflanzt, aber auch die heimische Flora, mit Apotheker- und Bauerngarten und einer besonders schönen Wildblumenwiese, sensibilisiert für das eigene Terrain, in dem man lebt.

Adresse Universitätsstraße 1 | **ÖPNV** Straßenbahn 707, 711, 716, Haltestelle Universität Ost/Botanischer Garten; Bus 735, 827, 835, Haltestelle Universität Süd | **Öffnungszeiten** April–Sept. Mo–Fr 8–19, Sa 13–19, So 10–19, März und Okt. Mo–Fr 8–18, Sa 13–18, So 10–18, Nov.–Feb. Mo–Do 8–16, Fr 8–14.30 Uhr, Sa und So geschlossen | **Tipp** Die Universitätsbibliothek besitzt neben ihren allgemeinen Studienbeständen eine ungewöhnlich umfassende und entsprechend bedeutsame Thomas-Mann-Sammlung.

13 Die Burghof-Mauer

Wenn die Sonne versinkt

Direkt neben der Ruine der Kaiserpfalz, unter den schönsten und mächtigsten Kastanien von Düsseldorf, liegt der Biergarten der »Restauration Burghof«. Die Kastanien scheinen so steinalt wie Kaiser Friedrich Barbarossa zu sein, nach dem die Pfalz benannt ist und der 1190 im kleinasiatischen Fluss Saleph ertrank, erschöpft und überhitzt auf dem Weg nach Jerusalem. Aufgrund ihres respektablen, himmelhochgeschossenen Alters, ihrer enormen Äste, Rinden und Blätter und wegen der wunderbaren Insekten, die gelegentlich aus den Baumkronen heraus in die offenen Biergläser fallen, werden sie immer wieder ungläubig bestaunt.

Der »Burghof« ist seit etwa 100 Jahren die restaurative Größe von Kaiserswerth, ein Ort, an dem alle Kaiserswerther und die umliegende Düsseldorfer Landbevölkerung immer wieder der eigenen Kindheit, ihrer Jugend, der Zeit, als sie noch allein und glücklich, und der Zeit, als sie zu zweit und noch glücklich waren, begegnen, denn der Biergarten wird zumindest von der ewig jungen Jeunesse dorée gern besucht. Die selbstverständliche und lässige Haltung, mit der die meisten jungen Cabrio- und Kinderwagenfahrer über den Kies schlendern, lässt darauf schließen, dass sie hier eigentlich ganz zu Hause sind.

Die Burgmauer ist für gewöhnlich von Bikern besetzt, die statt ihrer Seele die muskulösen Beine baumeln lassen, und von intensiven Stadtromantikern, allein, zu zweit, verlassen oder wieder neu liiert, die ihre melancholische Grundstimmung für den Abend aufladen, wenn die Sonne langsam und in einem weiten Bogen jenseits des Rheins, irgendwo hinter Krefeld und dem Campingplatz gegenüber in Meerbusch, versinkt. Man sieht der Sonne nach und den Schiffen, die vielleicht zum Meer fahren. Manchmal bei Nordwind kann man es riechen oder sich zumindest einbilden, es läge nicht weit hinter imaginären Dünen, direkt hinter dem Horizont. Drüben auf der anderen Seite liegt theoretisch auch schon Frankreich, der alte Traum aller Lebenskünstler und rheinischen Separatisten, die sich immer andere als die bekannten Grenzen wünschen.

Adresse Burgallee 1 | **ÖPNV** U78, Haltestelle Kittelbachstraße oder Klemensplatz | **Öffnungszeiten** Täglich 11–1 Uhr | **Tipp** Wem die rustikale Burghofbiergartenspeise zu simpel ist, kann nur wenige Meter entfernt, hinter dem Stiftsplatz, bei Jean-Claude Bourgueil in seinen Restaurants »Im Schiffchen« (das einzige Düsseldorfer Restaurant, das drei Sterne hatte) und »Jean-Claude's« essen.

14 ____ Der Carlsplatz

Das alte merkantile Zentrum

Es ist natürlich wenig sinnvoll, den Plätzen nachzuweinen, die in ihrer ursprünglichen Anlage längst hinter dem Horizont der Geschichte verschwunden sind. Aber der Carlsplatz war einst Düsseldorfs schönster Platz, vielleicht vergleichbar mit einigen kleineren klassizistischen Restpartien, wie man sie noch am nahen Schwanenmarkt, südlich und am Ende der Carlstadt gelegen, sehen kann. Aber auch wenn es müßig ist, sich wehmütig und schluchzend an die eigene Stadtgeschichte zu lehnen, so kann man doch bei manchen Gelegenheiten an das ästhetische Potenzial erinnern, das sich in diesem Teil Düsseldorfs so perfekt zeigte. Reisende wie der Revolutionär und Reiseschriftsteller Georg Forster (1754–1794), die in der Welt von gestern unterwegs waren, schwärmten in ihren Berichten: »Eine wohlgebaute Stadt, schöne massive Häuser, gerade und helle Straßen, tätige, wohlgekleidete Einwohner. Und in wenigen Jahren wird Düsseldorf noch einmal so groß als es war und um vieles prächtiger sein.«

Angelegt wurde der Platz 1787, als Carl Theodor, Kurfürst von der Pfalz und von Bayern, die Erweiterung seiner Residenzstadt am Rhein veranlasste. Es ist heute ebenso wenig sinnvoll, sich immer wieder über das schreckliche Parkhaus aufzuregen, das an seiner Südseite massiv jedes Auge beleidigt und die dahinterliegende Carlstadt verbaut. Der Platz wurde wie so viele Plätze im Krieg zerstört, und was ihn heute noch attraktiv macht, sind nicht mehr die Gebäude, sondern die Menschen, die hier einkaufen, um ihre Lust an gutem Essen zu befriedigen, denn der Carlsplatz hat den besten und hochpreisigsten Markt von Düsseldorf. Man findet wunderbare, seltene und ausgefallene Lebensmittel, die nicht nur angenehm teuer, sondern manchmal auch außerordentlich prestigeträchtig jeden Tisch, der zur Tafel wird, ehren und bereichern.

Düsseldorferisch geerdet wird man an den vielen handfesten Imbissständen, an denen die Angestellten, die in der Carlstadt arbeiten, sich durch die Schnellküchen der kulinarischen Welt essen.

Adresse Carlsplatz | **ÖPNV** U70, U74, U75, U76, U77, U78 , U79, Haltestelle Heinrich-Heine-Allee; Straßenbahn 703, 706, 712, 713, 714, Haltestellen Benrather Straße oder Heinrich-Heine-Allee | **Öffnungszeiten** Mo–Sa ganztägig | **Tipp** Östlich des Carlsplatzes liegt das in den 10er Jahren des letzten Jahrhunderts entstandene sogenannte Bankenviertel.

15 Das Carsch-Haus

Ein letztes Mal im Stehn

Es ist eine in vieler Hinsicht bewegte Geschichte, und an ihrem Ende stand das Carsch-Haus nicht mehr dort, wo es ursprünglich errichtet worden war.

Im März 1915 eröffnete die Firma Gustav Carsch das nach ihr benannte und von Baurat Otto Engler entworfene Kaufhaus »für vornehme Herren- und Knabenbekleidung«. Zwanzig Jahre später wurde es unter den Nationalsozialisten boykottiert und später durch Carschs Prokuristen auch »arisiert«, was einer Enteignung der Besitzer gleichkam. Der einst wegen seiner Investitionen hochgelobte und hofierte Bauherr Paul Carsch emigrierte nach der Reichspogromnacht im November 1938 nach Holland, wo er und seine Frau in einem Versteck den Krieg und die Besetzung der Niederlande überlebten.

Als »Modehaus im Westen« existierte das Kaufhaus auch nach Carschs Flucht weiter, bis es 1943 bei einem Luftangriff teilweise zerstört wurde. Allerdings widerstand Englers robuste Stahlkonstruktion hinter der neoklassizistischen Sandsteinfassade dem Bombardement, und als eines der noch halbwegs stabilen Häuser in der Altstadt konnte das ehemalige Textilkaufhaus nach dem Krieg zu einem internationalen Bildungszentrum umfunktioniert werden. In der sogenannten »Brücke« wurden die vorübergehend braun angepinselten Düsseldorfer wieder mit richtiger Kunst und Kultur konfrontiert und in die Spur zurückgesetzt, in der sie sich bis 1933 so weltoffen bewegt hatten.

Wegen des U-Bahn-Baus sollte die »Brücke« schließlich abgerissen werden. Aber die Idee, das Gebäude mit Hilfe des Warenhauskonzerns Horten in seine Einzelteile zu zerlegen und weiter im Westen, exakt 23 Meter hinter seinem ursprünglichen Standort, wieder aufzubauen, faszinierte alle Beteiligten. Mit etwas gutem Willem schien nichts unmöglich zu sein, und so wurden fast 5 000 Fassadensteine nummeriert, archiviert, zwischengelagert und schließlich wieder zusammengesetzt.

Die Wiedereröffnung 1984 fiel in die Hoch-Zeit champagnerbegeisterter Austern-Yuppies, die sich an den Essständen im Keller des Hauses wie auf Partys trafen und ihn zumindest für eine gewisse Zeit zum Hotspot der Stehtisch-Society machten.

Adresse Heinrich-Heine-Allee 1 | **ÖPNV** U70, U74, U75, U76, U77, U78, U79, Haltestelle Heinrich-Heine-Allee | **Öffnungszeiten** Mo–Sa 9.30–20 Uhr | **Tipp** Direkt gegenüber liegt das ehemalige Kaufhaus Tietz (heute Kaufhof) des Architekten Joseph Maria Olbrich.

16 Die Düsseldorfer Malerschule im museum kunst palast

Preußische Anfänge

Die naheliegende, aber regionale Verortung der »Düsseldorfer Malerschule« und ihre starke Fokussierung auf die Stadt lässt leicht den internationalen Rang vergessen, den sie zu ihrer Hoch-Zeit in den späten 20er und 30er Jahren des 19. Jahrhunderts hatte.

Sie galt als eine der fortschrittlichsten künstlerischen Bewegungen in Europa, deren Ruf viele ausländische Künstler nach Düsseldorf zog. Das Image der Akademie und ihrer Schüler war so positiv, dass die erste in New York eröffnete Galerie 1849 sich selbstbewusst und verkaufsfördernd »The Dusseldorf Gallery« nannte.

Ihren Ausgangspunkt nahm die Malerschule mit der Berufung des gebürtigen Düsseldorfers Peter Cornelius, dem 1819 von der preußischen Regierung die Neueinrichtung der Kunstakademie übertragen worden war. Aber erst mit seinem Nachfolger Wilhelm von Schadow setzte die große Zeit ein. Von Schadow hatte die Fähigkeit, die besonderen Talente seiner Studenten unabhängig von seiner eigenen Kunstauffassung zu erkennen und zu fördern. Es gelang ihm, durch die Einrichtung spezieller Klassen zur Historien-, Genre- und Landschaftsmalerei bedeutende Lehrer für die Akademie zu gewinnen, unter anderem den Historienmaler Carl Friedrich Lessing und den Landschaftsmaler Johann Wilhelm Schirmer, der selbst an der Akademie bei Schadow studiert hatte.

In der mehr als dreißigjährigen Amtszeit von Schadows entwickelte sich die Akademie und mit ihr das Profil seiner Schule von romantischen und idealistischen Positionen hin zu historischen, genrehaften und auch sozialkritischen Darstellungen. An den politischen Kämpfen der bürgerlichen März-Revolution von 1848 nahmen auch die Maler der Malerschule mehr oder weniger aktiv teil.

Im museum kunst palast können bedeutende Bilder der Düsseldorfer Malerschule im Kontext anderer Künstlerbewegungen des 19. Jahrhunderts besichtigt werden.

JAN WELLEM · ANNA MARIA LUISA DE' M

HERRLICH HÖFIS

2009

Adresse Ehrenhof 4–5 | **ÖPNV** U70, U74, U75, U76, U77, Haltestelle Tonhalle | **Öffnungszeiten** Di–So 11–18 Uhr | **Tipp** Auf der anderen Seite des Joseph-Beuys-Ufers, zum Rhein hin, befindet sich die Rheinterrasse, ein noch heute genutztes Veranstaltungsgebäude aus den 20er Jahren des letzten Jahrhunderts.

17____Die Düsselquelle

Am Ursprung

Die Quelle der Düssel liegt nicht auf Düsseldorfer Gebiet, aber ihre Verbundenheit über 24 Kilometer, die sie als nördliche und südliche Düssel durch die Stadt fließt, und ihre ständige Präsenz im Namen der Stadt macht sie doch zu einem Düsseldorfer Ort.

Sie entspringt in Wülfrath-Blomrath an der Stadtgrenze zu Velbert-Neviges, 241 Meter über dem Meeresspiegel und damit gute 200 Meter über den Düsseldorfer Köpfen, hinter dem Bauernhof an der Asbrucher Straße 94. Die höchste von insgesamt acht festgestellten Quellen in diesem Tal wird als eigentliche Düsselquelle bezeichnet und ist mit einem großen, rund gewaschenen Stein wie aus einem echten Gebirgsbach und einer gemauerten Einfassung markiert. Auf den allerletzten Metern gibt es gleich drei Hinweisschilder, als sei die Gefahr, sie kurz vor dem Ziel noch zu verpassen, besonders groß.

Hinter einem Holzschuppen, am Ende einer leicht ansteigenden Wiese, liegt sie, und in Stein gemeißelt steht es auch: »Hier entspringt die Düssel«. Es ist ein schattiger Ort mit Brennnesseln und Büschen und zwei leicht bemoosten und feuchten Sitzbänken, auf denen vermutlich schon seit Längerem niemand mehr gesessen hat. Dennoch kann man sich die gelegentlichen Wandergruppen vorstellen, die ihre Thermoskannen und Butterbrote auspacken und der Düssel zu Ehren ein Lied singen.

Das Mythische und Geheimnisvolle, das Quellen für gewöhnlich umgibt, fehlt hier völlig. Das mag an dem bemühten Quellstein liegen. Ein kleines, ganz unproportioniertes Kupferrohr ragt aus dem Stein heraus, und eine Handspanne weit ergießt sich aus diesem Rohr die Düssel, als sei ihr eigentliches Inneres ein etwas druckloser Gartenschlauch. Sie beschreibt einen kleinen, schüchternen Bogen, um dann sofort im Kiesbett unter ihr zu verschwinden.

Erst weiter unten im Tal wird sie wieder auftauchen, und ihr erschreckend kurzer Anfang nimmt auch fast ihr weiteres Schicksal vorweg. Denn auf dem Düsseldorfer Stadtgebiet ist sie mal da und mal nicht, und oft, wenn man sie nach ein paar Metern oder einem Straßenzug wieder aus den Augen verloren hat, fragt man sich, wo sie eigentlich geblieben ist.

HIER
ENTSPRINGT
DIE
DÜSSEL

DÜSSELDORFER

Adresse Wülfrath, Asbrucherstraße 94 (Ausschilderung Obstverkauf) | **ÖPNV** Von Düsseldorf nach Wuppertal-Vohwinkel S-Bahn S8, umsteigen in S-Bahn S9 Richtung Bottrop, Haltestelle Velbert Rosenhügel, von dort ca. 1,5 km Fußweg (besser gleich mit dem Auto | **Öffnungszeiten** Ganzjährig | **Tipp** Schön ist es hier eigentlich überall. Und der Weg durch das Düsseltal führt ganz sicher durch das Neandertal hinunter nach Düsseldorf.

18 Die Ecke Tußmann- und Moltkestraße

Ausgehen in Pempelfort

Noch vor einigen Jahren hätte nichts darauf hingewiesen, dass ausgerechnet in diesem toten Winkel einer eigentlich unattraktiven Straßenkreuzung (Tußmann-, Moltke-, Franklin-, Bagel- und Schirmerstraße stoßen hier zusammen) eine fulminante Ausgehmeile entstehen könnte.

Kurz vor der Franklinbrücke, die hinüber ins schickere Zooviertel führt, und in direkter Nähe zum ehemals gigantisch großen, mittlerweile völlig demontierten Rangierbahnhof waren diese Straßen an den Rand des innerstädtischen Lebens gedrängt, gastronomisch mehr tot als lebendig, und in ihrer behäbigen Mischung mit kleinbürgerlicher Gründerzeitarchitektur und missverstandenem Nachkrieg waren sie auch immer etwas angestaubt, langweilig und bieder. Ein durchwachsenes Beamtenviertel mit kleinen Kaufleuten und vielen Eisenbahnern, die hier arbeiteten.

Vom ehemaligen »Kleinen Rathaus« (dem heutigen »Ab der Fisch«), einer bürgerlichen Eckkneipe mit Spielautomaten, Hutablage, Servierfräuleins und Mittagstisch, ging der Impuls aus, der in immer neuen Kraftlinien in ganz Pempelfort die Tische zurechtrückt. Das »Rathaus« erfand sich vor 20 Jahren neu und etablierte in seiner Ecklage eine Szenekneipe, die schnell zumindest die jungen Leute an sich band, die in ihrer Nähe wohnten.

Köche und Kneipiers haben dieses von Bäckern, Metzgern und Händlern fast völlig verlassene Viertel in den letzten Jahren wiederbelebt, das zeitweise unter extremem Kräftemangel litt und außer einer etwas dumpf kultivierten Kneipenseligkeit nicht viel zu bieten hatte. Es entstand eines der kleineren, aber attraktiveren Gegengewichte zur umtriebigen und überlaufenen Altstadt, wie es sie auch in Bilk, Flingern und Oberkassel gibt.

Die Pempelforter Variante an der Tußmannstraße zeigt eine interessante und doch mittelständische Mischung aus Ethno, Mainstream, Fusion und Crossover, und neben den einfacheren, handfesten Trinkvergnügen gibt es auch hypermoderne Bars und gelegentlich etwas Alternativ-Gastronomie.

Adresse Tußmannstraße, Moltkestraße | **ÖPNV** Straßenbahn 706, Haltestelle Tuß-
mannstraße | **Öffnungszeiten** Ganzjährig | **Tipp** Am Ende der allerdings etwas lang
geratenen und zwischendurch etwas leblosen Moltkestraße beginnt Pempelforts zweites
Kneipenviertel, das sich um die Nordstraße (hauptsächlich Schwerin- und Collenbach-
straße) herum gebildet hat.

19   Das Eisstadion an der Brehmstraße

Die Schlittschuhprinzen

Die DEG spielt hier nicht mehr. Aber in der Psychographie Düsseldorfs ist das Eisstadion an der Brehmstraße bis heute ein beinahe heiliger Ort, die Kult- und Urstätte, wo die Siege der DEG singend, schreiend und mit viel Glühwein unter bengalischem Feuer zelebriert wurden. Die unvermeidlichen Niederlagen ließen tiefe Wunden zurück, die nur kollektiv geheilt werden konnten. Es ist die letzte noch mehr oder weniger original erhaltene Sportarena, nachdem das alte Rheinstadion, in dem Fortuna Düsseldorf ihre beste Bundesliga-Zeit erlebte, 2002 abgerissen wurde.

Von 1935 bis 2006 spielte die DEG an der Brehmstraße. Achtmal wurde sie Meister, achtmal Vizemeister, und in ihrer fabulösen Zeit, in den 90ern, erreichte sie auch einen zweiten Platz im Europapokal. An der Brehmstraße stand ganz Düsseldorf im Licht der Wunderkerzen auf den Rängen und feierte bis zum Schluss die große Party, die 1967 begann, als die DEG zum ersten Mal die deutsche Eishockeymeisterschaft gewann.

In den Jahren 1990 bis 1993 schien die DEG nicht mehr von diesem Stern. Sie gewann unter ihrem Trainer Hans Zach vier Meisterschaften in Folge, an denen zwei kanadische Spieler, Chris Valentine und Peter-John Lee, besonders beteiligt waren und als Traumduo von ihren Fans umgehend heiliggesprochen wurden. Ihre Rückennummern 10 und 12 wurden mit dem Ende ihrer Karrieren in Düsseldorf nicht mehr vergeben. Valentine schoss in zwölf Jahren für die DEG die meisten Tore (365) und hatte, was seinen Fans bis heute noch mehr Respekt abfordert, wegen seiner furcht- und kompromisslosen Art zu spielen die meisten Strafminuten (912).

An der Brehmstraße wurde Düsseldorfs sportliches Über-Ich kreiert, das im Grunde seines Herzens völlig davon überzeugt ist, unschlagbar zu sein. Das Stadion wurde 2006 mit einem »Walk of Fame« verlassen (den man auch als jubilierenden Trauerzug bezeichnen könnte), als 6 000 Fans von der Brehmstraße zum neuen ISS Dome gingen, in dem die DEG Metro Stars seitdem spielen. An der 2009 renovierten Brehmstraße werden heute noch die mentalen Batterien der 1. Mannschaft aufgeladen.

Adresse Brehmstraße 27 | **ÖPNV** S1, S6, S7, Haltestelle S-Bahnhof D-Zoo; Straßen-
bahn 706, Haltestelle Brehmplatz | **Öffnungszeiten** Mo–Do 16–18, Mi und Fr 20–22,
Sa und So 10–12, 14–16, 17–19 Uhr (öffentliche Eishalle) und bei Veranstaltungen |
Tipp Unmittelbar hinter dem Stadion liegt der ehemalige Düsseldorfer Zoo, der heute
tierlos (von Hunden, Enten und Tauben abgesehen) ein öffentlicher Park ist.

20 Das Ende der Zollstraße

Robert Schumann geht ins Wasser

Am Ende der Zollstraße stand früher zur Rheinseite hin das sogenannte Zolltor. Direkt vor diesem Tor und ungefähr an der Stelle, wo heute noch ein paar eiserne Vertäuungsringe zu sehen sind, lag die auf Kähnen befestigte Schiffsbrücke, die Düsseldorf mit der anderen Rheinseite verband.

Am Rosenmontag 1854, etwa gegen die Mittagszeit, lief, von seinen bösen Geistern und Dämonen getrieben, der Musiker Robert Schumann (1810–1856), Generalmusikdirektor in Düsseldorf und der bedeutendste deutsche Komponist seiner Zeit, einige Meter über diese schwimmende Brücke und stürzte sich mit der festen Absicht, seinem Leben ein Ende zu setzen, in das eiskalte Wasser. Seit Wochen hörte er nichts als penetrante Dauertöne, die durch seinen Kopf rasten, und die symphonischen Anfänge von »himmlischer« oder »höllischer« Musik.

Schumann war mit seiner Frau Clara, einer in ganz Europa gefeierten Pianistin, und sieben Kindern 1850 nach Düsseldorf gekommen, als neue Hoffnung und Nachfolger der Ausnahmemusiker Felix Mendelssohn-Bartholdy und Ferdinand Hiller, die in Düsseldorf als Musikdirektoren das städtische Musikleben bestimmt hatten.

Für Schumann begann eine zunächst ungewöhnlich kreative Phase: Er schrieb Klavierwerke, Symphonien und Oratorien und vertonte allein von Heinrich Heine 38 Gedichte. Ungefähr ein Drittel seines Gesamtwerkes entstand in den knappen vier Jahren seiner Düsseldorfer Zeit.

Der empfindliche und häufig auf sich selbst zurückgeworfene Schumann war als Dirigent des städtischen Orchesters vermutlich genial, aber auch schwierig. Nicht immer wollte er mit seinen Musikern sprechen, und nicht immer konnte er ihre Art zu spielen ertragen. Die Opposition wuchs, und der andernorts gefeierte Dirigent Schumann wurde schriftlich aufgefordert, was er als unerhörte Demütigung empfand, das Dirigentenpult seinem Kapellmeister zu überlassen. Nach diesem Eklat trat Schumann in Düsseldorf nicht mehr öffentlich auf.

Schumann wurde am Rosenmontag von Fischern aus dem kalten Wasser gezogen und in die Nervenheilanstalt von Endenich bei Bonn gebracht, wo er zwei Jahre später, am 29. Juli 1856, starb.

Adresse Zollstraße/Rathausufer | **ÖPNV** U70, U74, U75, U76, U77, U78, U79, Haltestelle Heinrich-Heine-Allee | **Öffnungszeiten** Ganzjährig | **Tipp** Die ehemalige Poststation »En de Canon«, in der schon der populäre Kurfürst Jan Wellem den Deckel rund gemacht haben soll, wurde bereits im 17. Jahrhundert eröffnet und hat heute den schönsten Biergarten der Altstadt.

21 Die Engländerwiese

Die Helden von Lohausen

Hinter dem Aquazoo (wenn man vor dem Haupteingang steht, links) befindet sich die sogenannte Engländerwiese. Benannt ist sie nach den ehemals im Park stationierten Engländern, die auf der Wiese Cricket und Fußball spielten. Die Britische Rheinarmee hatte den 1937 angelegten und kaum beschädigten Park nach dem Zweiten Weltkrieg beschlagnahmt und im Gebäude der Neuen Kunstakademie, das 1974 dem Aquazoo weichen musste, ein Erholungsheim für ihre Soldaten eingerichtet.

Auf der Engländerwiese wird seit Ende der 70er Jahre die Lohausenliga gespielt. In den schwersten und traurigsten Düsseldorfer Zeiten, als sich Fortuna auf den Bolzplätzen der vierten Liga (2002/2003 Oberliga Nordrhein) beinahe für immer aus dem ordentlichen Fußball verabschiedet hätte, hielt nur noch die Lohausenliga den Glauben an das Gute im Spieler hoch. An den Wochenenden zeigten schlagkräftige und ehrgeizige Mannschaften in zwei Ligen, wie man richtig und vor allem schön Fußball spielt. Unvergessen sind die charmanten Selbstläufer von Ente Lippens, die taktischen Meisterleistungen der New Globes, die gleich zwölfmal die imaginäre Schale holten, und die Zähigkeit, mit der Abwärts 85 und die Kittelbach Streamers den anderen immer wieder ein Bein stellten.

Es gab phantastische Zweikämpfe, atemberaubende Sololäufe, traumhafte Pässe, raffinierte Fouls und jede Menge Spieler, die ein Spiel auch unausgeschlafen und mit gelegentlichem Rest-Alt richtig lesen konnten. Bis heute hat sich daran nichts geändert.

In 30 Jahren haben sich fast 70 Mannschaften in die Annalen der bunten Liga eingeschrieben. Viele sind nur noch eine ferne Erinnerung an ehemals bauchlose Zeiten, aber manche Mannschaften (sechs Feldspieler, ein Torwart) finden seit 20 Jahren immer wieder den ambitionierten Nachwuchs, der den Ball im Spiel hält.

Die Engländerwiese wird auch von japanischen Cricket- und Baseballspielern genutzt, die an schönen Wochenenden mit ihren begrüßungsintensiven Familien zum Picknick einlaufen.

Adresse Kaiserswerther Straße/Stockumer Kirchstraße/Rotterdamer Straße | **ÖPNV** U78, U79, Haltestelle Kaiserswerther Straße/Aquazoo; Bus 722, 896, Haltestelle Messe-Center | **Öffnungszeiten** Ganzjährig | **Tipp** Die Engländerwiese ist Teil des Nordparks, der als einziger von den Nationalsozialisten im Rheinland angelegte Park in seiner grundsätzlichen Substanz erhalten blieb.

22 — Die Esskastanienallee
Herrschaftliches Gehen

Betrachten kann man sie aus der Distanz und aus der Nähe. Schön und beeindruckend ist sie immer, bei jedem Licht, bei jedem Wetter und zu jeder Jahreszeit. Vom Rand des Waldes hinter den Blumenfeldern und von der Galopprennbahn, die direkt an ihrer Seite liegt, sieht man sie in ihrer ganzen gerade gewachsenen Schönheit, lang gestreckt und elegant gezogen wie an einer Schnur mit einer letzten, leichten, ansteigenden Biegung zu Haus Roland, das, hinter Bäumen und Parkgittern verborgen, auch heute noch Privatbesitz ist.

Man betritt die Allee durch ein schmiedeeisernes Tor, das sie mit dem ersten Schritt exklusiv und besonders macht, ein herrschaftliches Naturdenkmal, durch das hindurch, gegen Regen und Sonne geschützt, die prominenten Gäste des Hauses im 19. Jahrhundert fuhren.

Der lange Weg ist für Spaziergänger heute Selbstzweck, denn an ihrem Ende wird die Allee ganz privat, und man muss von ihr auf Nebenwege ausweichen, um weiterzukommen.

Die etwa 200 Jahre alten Bäume sind knorrig, teils verwachsen, groß und mächtig, mit silbergrauen Rinden, die rissig und aufgesprungen sind, von Stürmen und Blitzen manchmal aus der Form gebracht; auf Tafeln wird vor herabstürzenden Ästen gewarnt, die besonders im Herbst von Spaziergängern und Wanderern schnelle Reaktionen erfordern.

Haus Roland geht auf einen Adelssitz des 13. Jahrhunderts zurück, weshalb auch heute noch gelegentlich von Rolandsburg oder Fahnenburg gesprochen wird, benannt nach ihrem kommunikativen Bewohner im 19. Jahrhundert, Anton Fahne. Fahne war ein politischer Freigeist und Mäzen, Jurist und Schriftsteller, der in Haus Roland und den damit verbundenen gesellschaftlichen Status eingeheiratet hatte. In diesem Haus traf sich zwischen 1842 und 1858 der sogenannte »Rolander Kreis«, zu dem auch wichtige Vertreter der Düsseldorfer Malerschule wie Andreas und Oswald Achenbach gehörten, aber auch politische Aktivisten der Märzrevolution von 1848 wie Ferdinand Freiligrath und August Heinrich Hoffmann von Fallersleben, der das »Lied der Deutschen«, den Text der deutschen Nationalhymne, geschrieben hat.

Adresse Kastanienallee/Eingang Rennbahnstraße | **ÖPNV** Straßenbahn 712, 719, Haltestelle Mörsenbroicher Weg; Bus 730, 733, Haltestelle Mörsenbroicher Weg | **Öffnungszeiten** Ganzjährig | **Tipp** Von der Allee hat man einen wunderbaren Blick auf die Grafenberger Galopprennbahn. Vom Parkplatz hinter den Blumenfeldern führen verschiedene Wanderwege durch den Aaper und den Grafenberger Wald.

23 Die Fähre nach Zons

Mitten im Fluss

Am Ende einer langen, von Hochwasser und Frost zerfressenen Straße, die kilometerweit durch die Urdenbacher Kämpe mit ihren Weiden, Obstwiesen und Pappelwäldern führt, liegt die Anlegestelle der Fähre nach Zons. Von hier aus und mitten im Strom von der Fähre, mit Blick nach Norden, sieht der Fluss beeindruckend alt aus, ruhig und ursprünglich, und die Angler an seinen Ufern erinnern einen daran, wie es war, als man das erste Mal »Huckleberry Finn« las.

Fähren sind wunderbare Fahrzeuge. Sie sind charmant anachronistisch, und allein die Tatsache, dass man für gewöhnlich auf sie warten muss, nimmt den Druck aus der gegenwärtigen Zeit. Man sieht den Wellen nach, den Schiffen und den Möwen, die im Wind kreischen, und beobachtet auf der anderen Seite die Autos, die vorsichtig die Rampe hinunterrollen und auf der Fähre duchgewunken werden. Man braucht Geduld, denn die Fähre legt nur ab, wenn es sich auch lohnt.

Fähren sind mit Mythen beladen, auch wenn man das heute den etwas schlicht und praktisch gehaltenen Autofähren nicht mehr ansieht. Fähren führen mythologisch in andere Daseinsbereiche, häufig in das Jenseits und manchmal in das Glück.

Auch Zons ist anachronistisch. Normalerweise spricht man vom mittelalterlichen Zons, als sei die Zeit hier für immer und folgenlos stehen geblieben und als habe es nie andere Jahrhunderte gegeben, die ihre Spuren hinterließen. Heute ist Zons eine historische Freizeitstadt mit echten Stadttoren, Mauern und Wehrtürmen, und wer auf der Fähre nach Zons in der Zeit scheinbar zurückfährt, wird bestätigt durch einen fast idealtypischen Anblick dieser Stadt. Kompakt liegt sie hinter einem großen Besucherparkplatz, und jeden Moment könnte ein Spitzweg'scher Nachtwächter in sein Horn blasen und ansagen, was die Stunde geschlagen hat. Verwaltungstechnisch ist Zons heute ein Stadtteil der Chemiemetropole Dormagen, aber das tut ihrem Nimbus, die letzte Bewahrerin einer großen mittelalterlichen Tradition am Niederrhein zu sein, keinen Abbruch.

Adresse Am Ausleger | **ÖPNV** S6, Haltestelle D-Benrath, anschließend Bus 788, Halte-
stelle Mühlenplatz | **Öffnungszeiten** April–Sept. Mo–Fr 6.15–21, Sa, So, feiertags 10–19,
Okt.–März Mo–Fr 6.15–20, Sa, So und feiertags 9.30–19 Uhr | **Tipp** Das Ziel am anderen
Ufer muss natürlich Zons sein. Wenn man bereit ist, ein paar gegenwärtige und zeitgebundene Störfaktoren auszublenden, kann man sich durchaus der Illusion hingeben, einen
kurzen Trip in frühere Jahrhunderte zu unternehmen.

24 Das Filmmuseum und die Black Box

Und Action!

Wie gern wäre man auch Filmstadt! Der Medienhafen machte, als seine fulminant angelegte Bauoffensive in den 90ern begann, erste, wenn auch verhaltene Hoffnungen, dass die großen Filmscheinwerfer für immer angeknipst würden. Leider werden hauptsächlich lokale Fenster von synchron lächelnden und durchgebügelten Moderatoren geöffnet, und nur selten sieht man in den Düsseldorfer Straßen quirlige und sich ihrer Bedeutung bewusste Aufnahmetrupps ein paar Sequenzen für einen Film drehen, dessen Locations man später im Fernsehen wiedererkennt.

Harry Piel kam aus Düsseldorf, der irritierend hölzern wirkende Ufa-Star, der für sein Publikum auf Tigerjagd ging; ebenso Gustaf Gründgens, der Parade-Mephisto der deutschen Exilliteratur und des deutschen Theaters, ebenso die Star-Regisseure Helmut Käutner und Wim Wenders, der zuletzt Campino von den Toten Hosen vor der Düsseldorfer Skyline über den Sinn des Künstlerlebens nachdenken ließ.

Wir sind eigentlich Filmstadt! In dem 1993 eröffneten Filmmuseum, das in einem Gebäude mit dem Hetjens-Museum untergebracht ist, werden ständig mehr als 3 000 Exponate zur Geschichte des Films gezeigt. Die bunte und anekdotenreiche, in ihrer Präsentation durchaus auch kindgerechte Dauerausstellung wird durch Filmreihen, Retrospektiven und Sonderveranstaltungen begleitet.

Die »Black Box – das Kino im Filmmuseum« pflegt die Filmkunst mit Werken von der Stummfilmzeit bis in die jüngste Gegenwart. Es werden vor allem unkonventionelle Filme jenseits des Mainstreams und ambitionierte Filmreihen zu cineastischen Schwerpunktthemen gezeigt.

In den »Filmclubs« werden Filme in ihren Originalfassungen (nicht immer mit Untertitel) vorgeführt; die »Filmklassiker am Nachmittag« zeigen hauptsächlich deutsche Filme aus den 30er und 40er Jahren, als das Kino in Deutschland noch bedeutend, wenn auch fragwürdig war; und die sporadischen »Kultfilme am Mittwoch« versuchen unter den A- und B-Movies das herauszufiltern, was irgendwie als »Kult« durchgehen könnte.

Adresse Schulstraße 4 | **ÖPNV** U70, U74, U75, U76, U77, U78, U79, Haltestelle Heinrich-Heine-Allee | **Öffnungszeiten** Di, Do–So 11–17, Mi 11–21 Uhr, Kino Black Box nach Programm | **Tipp** Direkt hinter dem Filmmuseum ist das alte Hafenbecken mit einem gemütlich vor sich hindümpelnden und langsam verrottenden »Aalschokker« zu sehen, dem letzten Fangschiff, das noch vor einigen Jahren auf Aalfang ging.

25 Der Flinger Broich

Für immer Fortuna

Das Fortuna-Stadion am Flinger Broich heißt seit 1990 Paul-Janes-Stadion, benannt nach ihrem vielleicht besten oder zumindest erfolgreichsten Verteidiger. Janes war ab 1942 mit insgesamt 71 Einsätzen deutscher Rekordnationalspieler, bis ihn Uwe Seeler erst 28 Jahre später mit einem einzigen Spiel mehr in der Statistik übertreffen konnte. Janes ist heute nicht so bekannt wie andere Fortuna-Spieler der frühen Stunden, wie Toni Turek beispielsweise, der zwar nur kurz bei der Fortuna spielte, aber 1954 einer der Helden von Bern war. Und so ist das Stadion auch für die härtesten Fans immer das am Flinger Broich geblieben, benannt nach dem Ort, an dem in einem ehemals sumpfigen Gelände ein Fußballplatz entstanden war.

Die große Mannschaft, zu der auch Janes gehörte und die 1933 Deutscher Meister gegen Schalke und drei Jahre später unglücklich Vize gegen Nürnberg wurde, kam aus diesem dunkel verbauten Düsseldorfer Arbeiterviertel, das damals am Rand der Stadt lag. Bis heute hat sich der Flinger Broich mit seinen Werkstätten, Boxhallen, Schrebergärten und der über allem in den Lüften stehenden Müllverbrennungsanlage diese eigenartige Außenseiterposition bewahrt. Irgendwie scheint Düsseldorf hier wenig präsent zu sein, das Lokalkolorit ist nicht wie in anderen Stadtteilen auf Hochglanz poliert, eher verkratzt und etwas verwaschen in einem Viertel, das sich nicht eignet, die Düsseldorfer Stadtklischees zu repräsentieren. Die erste Mannschaft spielt in der schicken ESPRIT arena in Stockum, aber in Flingern muss die Fortuna ihre proletarische Herkunft nicht verleugnen.

Als nach den großen Erfolgen Ende der 70er Jahre (Pokalsieger 1979 und 1980, Europapokal-Finale 1979) der rasante Abstieg begann und die Fortuna bis in die vierte Liga durchgereicht wurde – eine Demütigung, die labile Thekensteher noch heute zum kollektiven Absturz bringt –, hat sie am Flinger Broich ihre Wunden geleckt. In den Eckkneipen wurde sie wieder aufgepäppelt und durchgefüttert, als man außerhalb von Flingern nichts mehr von ihr wissen wollte, und so lange hochgeredet, bis sie endlich wieder in einer Liga spielt, für die sich niemand schämen muss.

Adresse Flinger Broich 87 | **ÖPNV** S8, S28, Haltestelle S-Bahnhof D-Flingern; Straßenbahn 709, Haltestelle Hoffeldstraße; Bus 725, 738, Haltestelle Fortunaplatz, 734, Haltestelle Höher Weg, 737, Haltestelle Dieselstraße oder Siedlerweg | **Öffnungszeiten** An Spieltagen ab 12.30 Uhr geöffnet | **Tipp** In der etwas trostlos geratenen Umgebung liegt die ursprüngliche Schrebergartensiedlung »Märchenland«. Vor etwa 80 Jahren wurde das Gelände illegal besetzt und hat sich bis heute gegen alle kommunalpolitischen Angriffe behauptet.

26 Die Frauensteine

Kraft durch Glaube

Besonders empfängliche EsoterikerInnen werden schnurstracks durch den Aaper Wald, die Treppen und Trimm-dich-Pfade hochgezogen, beseelt von der glücklichen Gewissheit, sich einem veritablen Kraftfeld zu nähern, das weltliche und kosmische Energien in sich bündelt.

Die Frauensteine korrespondieren bei ihren mythomanischen Verehrern mit den geheimen Mächten der Mayas und Merline, mit Ufos, Aliens und ruhelosen Untoten, die hier an den Steinen umherwandeln.

Die vielen Initialen und Zeichen, die Wanderer in den Stein geritzt haben, die Kratzspuren und Risse, werden folgerichtig als Runen, Hieroglyphen, Ideogramme und keltische Strichcodes gelesen, als letzte Botschaften, die zweifelsfrei ein unbekanntes Wissen offenbaren und die Welt und ihre Rätsel dechiffrieren würde, wenn man sie nur richtig lesen könnte.

Auch die lokalen Wunderkammern haben in den letzten Jahrhunderten diesem durcheinandergefallenen Mini-Stonehenge die Ehre erwiesen. Die Sage erzählt, dass an diesen Steinen eine Priesterin ihr schneeweißes Lieblingspferd opferte, um die Götter gnädig zu stimmen, die damals den Rhein wie zu Noahs Zeiten und in böser Absicht bis an die Höhenzüge des Aaper Waldes schwappen ließen. Eine andere Sage berichtet, dass die Steine sieben verzauberte Frauen, vielleicht Hexen, zu Recht oder zu Unrecht Verzauberte, auf jeden Fall geheimnisvolle, weiße Frauen seien. Denn die Steine sind schwarz und heißen im Volksmund, um die Irritation auf die Spitze zu treiben, »witte Wiwerkes«, also »weiße Weibchen«.

Es gibt auch eine ganz nüchterne Erklärung, aber die nähme den Zauber und sein so zeichenhaftes Geheimnis von diesem Ort. Die Steine sind Quarzite, die auch unschön Zementquarzite heißen, und bei einem frühen Klimawandel vor etwa zehn Millionen Jahren entstanden sind, als es in Düsseldorf noch tropisch heiß war und pausenlos schwülwarm regnete wie am Amazonas.

Adresse Im Aaper Wald | **ÖPNV** Straßenbahn 712, 719, Haltestelle Oberrath | **Öffnungszeiten** Ganzjährig | **Tipp** Der Aaper Höhenweg, eine Schnellstrecke für Wanderer und Spaziergänger, die es lieber kurz, schön und intensiv wollen, führt in der Nähe der Steine vorbei. Vor allem an den Wochenenden ist die Strecke allerdings stark frequentiert von Power Walkern und diskutierenden Joggern.

27 Die Fußgängerbrücke im Medienhafen

Tribüne über dem Wasser

Als Brücke verbindet sie die Straße »Am Handelshafen« und die Speditionsstraße, aber ihre eigentliche Bedeutung ist weniger das Verbindende als vielmehr das Ruhende. Sie ist ein Platz über dem Wasser, von dem aus das alte Hafenbecken und die Stadt im Norden hinter dem Fernsehturm, dem Yachthafen und dem Landtag in einem weiten Bogen zu sehen und in ihrer ganzen neuen und architektonisch prominenten Schönheit zu bewundern ist.

Von hier aus sieht Düsseldorf sehr modern und gelegentlich auch etwas postmodern aus, mit nur wenigen historischen Relikten der industriellen Gründerzeit, so als habe sich die Stadt etwas verspätet in dieser ehemaligen Industriebrache völlig neu erfunden. Hafenkräne, Bahnschienen und die angerosteten Poller und Vertäuungsringe für die Lastkähne sollen daran erinnern, dass hier irgendwann, in den guten analogen Zeiten, noch körperlich gearbeitet wurde. Heute ist der Medienhafen mit seinen vielen kleinen Büroeinheiten hinter den schicken Fassaden eher etwas für bewegungsarme Kopfarbeiter und Büromenschen, die nicht viel mehr als ein Notebook brauchen.

Die mit Designpreisen ausgezeichnete Fußgängerbrücke ist 150 Meter lang und knapp 12 Meter breit, mit einem quadratischen sogenannten Brückenhaus und einer vorgelagerten Betonterrasse, der »Insel«: Sie markiert dicht über dem Wasserspiegel den idealen Ort, den Hafen und die abends erleuchtete Kulisse aus ihrem Zentrum heraus zu betrachten und abzuscannen. Man sitzt praktisch auf dem Wasser oder im Glasbeton-Kubus des Brückenhauses, der als Restaurant und Bar genutzt wird und dem 5-to-9-Feeling verspäteter Yuppies, das den Hafen beständig durchweht, einen futuristischen und fotogenen Touch gibt.

Die Brücke ist auch tagsüber eine Tribüne. Besonders mittags füllt sie sich mit improvisierenden Schnellessern, die auf den Stufen und integrierten Lampen Platz nehmen und die Fastfoodschachteln und Kaffeebecher, die Insignien ihrer Urbanität, auf den Knien halten.

Adresse Zwischen Handelshafen und Speditionsstraße | **ÖPNV** Straßenbahn 704, 709, Haltestelle Stadttor, 708, Haltestelle Franziusstraße; Bus 725, Haltestelle Stadttor | **Öffnungszeiten** Ganzjährig | **Tipp** Von der Brücke hat man den besten Ausblick auf das alte Hafenbecken und seine neue Architektur, die von berühmten und sehr prominenten Baumeistern an die Kaimauern gestellt wurde.

28 Die Galerie Simonis

Das afrikanische Herz

Diese andere Welt ist zweifellos schön. Sie weckt unmittelbar unser Interesse, und es scheint unmöglich, sich ihrer Würde zu entziehen. Man spürt die Aura dieser Figuren und Fetische, die aus Holz gearbeitet sind, aber dennoch beseelt scheinen, als schliefen sie nur und könnten durch einen Zauber wieder zum Leben erweckt werden. Und man ist sofort bereit, diese ernste Naivität als etwas zu begreifen, das nicht nur bedeutender Impuls der modernen Kunst des 20. Jahrhunderts und dadurch für uns mittelbar verständlich ist, sondern auch Teil einer eigenen, aber verlorenen und intensiven Irrationalität.

Seit die europäische Künstleravantgarde, allen voran Pablo Picasso, der eine erstaunliche Sammlung von Masken und Fetischen besaß, zu Beginn des 20. Jahrhunderts die Ausdruckskraft afrikanischer Stammeskunst als Quelle gestalterischer Reduktionen entdeckte, hat sich das ursprünglich völkerkundliche Interesse an afrikanischer Kunst in ein künstlerisches verwandelt. Da Informationen zu Alter und Herkunft oft nur spärlich sind und mit der Popularität auch die Fälschungen zunahmen, sind ernsthafte Sammler und Betrachter auf vertrauenswürdige Händler und Aussteller angewiesen. Nur wenige sind in ihrem Metier so versiert und im Aufspüren seltener Stücke so ambitioniert wie Nina und Henricus Simonis. Die Galerie genießt einen einzigartigen Ruf und hält ein ungewöhnliches Angebot von internationalem Rang: Dan-Masken von der Elfenbeinküste, Kota-Reliquiare aus Gabun, Masken der Dogon aus Mali und einige schöne Beispiele ozeanischer Kunst, deren suggestive Kraft bereits die Phantasien der Surrealisten beflügelt hatten.

Die Provenienz aller Stücke ist dokumentiert, die Echtheit wird garantiert. Als Besucher (und vielleicht auch als Kunde) dieser Galerie kann man die Plastiken unbekannter und namenloser Meister in einer musealen Präsentation betrachten.

Adresse Poststraße 3 **| ÖPNV** Straßenbahn 704, 709, 719, Haltestelle Poststraße, U70, U74, U75, U76, U77, U78, U79, Haltestelle Heinrich-Heine-Allee **| Öffnungszeiten** Mo–Fr 10–18, Sa 10–14 Uhr **| Tipp** Beeindruckt von afrikanischen Götzen und Fetischen nimmt man die steinerne Marienfigur mit anderen Augen wahr, die seit 1873 als Denkmal für das katholische Düsseldorf auf einer hohen Säule auf dem Maxplatz/Orangeriestraße steht.

29____ Das GAP 15

Immendorffs Affen

Es müsste natürlich »der« heißen, denn GAP 15 steht für die Adresse Graf-Adolf-Platz 15. Aber für den gesamten Baukomplex und besonders für das Bürohochhaus wurde die Adresse zur Bezeichnung, also heißt es »das«. Gelegentlich wird es auch englisch ausgesprochen, was nicht nur komplexer, sondern auch globaler klingt. Das GAP fifteen ist 90 Meter hoch, hat 24 Stockwerke und wird hauptsächlich von Ernst & Young genutzt, einer international aufgestellten Wirtschaftsprüfungsgesellschaft. Im fassadenhistorischen Flachbau nebenan – denn nur die Fassade des alten Postamtes wurde erhalten – befinden sich die beiden noch verbliebenen »Monkey«-Restaurants, »West« und »South«, die vor einigen Jahren mit dem Anspruch angetreten waren, in Düsseldorf exklusive Society-Treffpunkte und Künstlerrestaurants zu schaffen, die sich, ohne rot zu werden, mit dem »Borchardt« in Berlin oder dem »La Coupole« in Paris vergleichen sollten. Und natürlich auch wünschten, damit verglichen zu werden.

Im »Monkey's West« hat der Galerist Helge Achenbach, einer der Restaurant-Initiatoren, viel Kunst aufgestellt, unter anderem von Meese, Struth und Nam June Paik, und besonders Immendorffs Bronzeaffen tauchen in immer wieder neuen Posen und Größen nach dem Tod des Künstlers auf dem Vorplatz auf. Die Affen können wie alle anderen Kunstwerke im Restaurant gekauft werden.

Bereits in den 20er Jahren, als Düsseldorf mit großen Bauprojekten Anschluss an die erste Nachkriegsmoderne suchte, gab es Überlegungen und Entwürfe, in der Fluchtlinie des Kö-Grabens ein Hochhaus zu errichten, das der Innenstadt einen unübersehbaren architektonischen Akzent verleihen sollte. Viele namhafte Architekten beteiligten sich an Wettbewerben, aber die teils phantastischen Ideen konnten wegen der anhaltenden Wirtschaftskrisen in den 20er Jahren nie realisiert werden.

Erst 2005 wurde seitlich versetzt, an der Stelle des alten Posthauptamtes, das GAP 15 errichtet, dessen ganze architektonische Schönheit sich nachts offenbart, wenn es wie ein in den Himmel ragendes Aquarium hinter dem neu gestalteten Graf-Adolf-Platz erleuchtet ist.

Adresse Graf-Adolf-Platz 15 | **ÖPNV** Straßenbahn 704, 706, 709, 712, 713, 719, Haltestelle Graf-Adolf-Platz | **Öffnungszeiten** Ganzjährig | **Tipp** Man kommt, selbst wenn man es wollte, kaum an ihr vorbei – denn für die meisten Düsseldorfer spielt sie zumindest unterbewusst immer eine entscheidende Rolle: Die Königsallee liegt nur wenige Meter entfernt und findet östlich des Graf-Adolf-Platzes ihren schönen Abschluss.

30 Die Gehry-Bauten

Tanz der Türme

Die architektonischen Einfälle, die sich im neuen Medienhafen aneinanderreihen, werden nach wie vor und gerade in Zeiten der Krise immer wieder bewundert und lokalpolitisch beschworen, als läge Düsseldorfs Zukunft tatsächlich an den alten Hafenbecken und in den Händen seiner neuen Investoren. Die Leerstände der Büros sind dennoch beachtlich, und an trüben Abenden, wenn die Kneipengänger und Restaurantbesucher ausbleiben, vermittelt der Medienhafen manchmal eine bedrückende, aber zumindest in einigen Ansichten schicke und durchgestylte Tristesse.

Berühmte Architekten wie Steven Holl, Claude Vasconi und David Chipperfield haben hier Bürohäuser und Hotels gebaut. Aber wirkliche Beachtung, zumindest beim Laienpublikum der Spaziergänger, finden nach wie vor hauptsächlich die exzentrischen Gehry-Bauten, was an ihrer leicht schrägen, tänzelnden Optik und ihrer spiegelnden Oberfläche liegen mag. Sie sind weiß verputzt, mit glänzenden Blechen verkleidet oder massiv in Backstein gehalten. Die fotogensten Gebäude der Stadt sind auch ihr neues, immer wieder zitiertes Wahrzeichen.

Frank Owen Gehry (1929 in Toronto geboren und seit 1947 in Kalifornien zu Hause) ist der Altmeister des sogenannten Dekonstruktivismus, und seine überraschenden Gebäude sehen gelegentlich, wie das State Center in Boston, so aus, als seien sie nach einem Nervenzusammenbruch wieder aufgerichtet worden. Zu seinen spektakulärsten Entwürfen zählen das Guggenheim-Museum in Bilbao und die Walt Disney Concert Hall in Los Angeles, surreale Architekurkathedralen, die wie schwungvolle kubistische Träume aussehen.

Die drei Düsseldorfer Gebäude wurden 1998–1999 errichtet. Die Asymmetrie der auffälligen Turmbauten wird durch mehr als 1 500 unterschiedliche Fenster betont, die alle individuell angefertigt werden mussten.

Wahre Schönheit kommt allerdings nicht immer von innen: In den Gehry-Bauten sind die meisten Büros klein, bescheiden und unauffällig – ganz im Gegensatz zu den bestaunten Fassaden.

Adresse Neuer Zollhof | **ÖPNV** Bus 725, 726, Haltestelle Erftstraße/Grand Bateau |
Öffnungszeiten Ganzjährig | **Tipp** Ebenso fotogen wie die Gehry-Bauten ist das neue
»Stadttor« in ihrer unmittelbaren Nähe, ein futuristisch anmutendes Bürogebäude, das in
einer gewagten Konstruktion aus Stahl und Glas eine Höhe von 75 Metern erreicht.

31 ___ Das Gnadenauge in der Maxkirche

Das Wunder in Zeiten seiner Reproduzierbarkeit

Es ist vielleicht ein Missverständnis der Ungläubigen, zu meinen, dass Wunder immer im Original stattfinden müssen. Oder doch zumindest mit dem Original, also anders gesagt: dass Wunder immer einzigartig und nicht so ohne Weiteres reproduzierbar und von einem auf den anderen Gegenstand übertragbar sind.

Das in einer Seitenkapelle der Maxkirche verwahrte und seit mehr als 300 Jahren verehrte Bild vom wunderbaren Gnadenauge hat nie ein Wunder vollbracht und dennoch das Erstaunen hervorgerufen wie sein Vorbild, das Gnadenbild zu St. Peter in Neuburg an der Donau. Neuburg war die Residenz der Grafen von Pfalz-Neuburg, den späteren Kurfürsten von der Pfalz, die durch Erbschaft auch in den Besitz des Bergischen Landes mit seiner Haupt- und Residenzstadt Düsseldorf gekommen waren.

Philipp Wilhelm, der Vater des populären Jan Wellem, hatte in Düsseldorf seine Jugend verbracht und schenkte das verehrte Gnadenauge als Kopie den Franziskanern der St.-Antonius-Kirche, die später zur Maxkirche wurde. Was war geschehen? Am 9. Oktober 1680 hatte das in Neuburg befindliche Marienbildnis, eine damals recht junge Holzskulptur von 30 Jahren, ihre hölzernen Augen auf den vor ihr knienden jungen Pater Markus von Aviano gerichtet. Die fürstliche Familie und viele Gläubige waren Zeugen. Der Pfalzgraf, der Bischof von Passau und weitere neunundzwanzig Zeugen sagten unter Eid aus, dass sie die Augenwende der Madonna auf den Mönch genau gesehen hätten.

Philipp Wilhelm selbst war so beeindruckt von diesem unerwarteten Augenspiel der Marienfigur, dass er sie in Öl malen ließ und gemeinsam mit dem Kapuzinerpater, dem der Blick gegolten hatte, nach Düsseldorf schickte. Aviano berichtete von dem, was während seiner Predigt geschehen war, und die Kopie des Wunderbildes, die eigentlich nur eine Erinnerung an ein Wunder war, reichte aus, um selbst Wunder zu bewirken oder darauf zu hoffen. Irgendwann haben die Neuburger ihre Madonna verschenkt, und auch über das Düsseldorfer Abbild ist nicht bekannt, ob es jemals die Augen verdreht hat.

Adresse H Schulstraße | **ÖPNV** Bus 726, Haltestelle Maxplatz | **Öffnungszeiten** Täglich 8–19 Uhr | **Tipp** Eine andere segensreiche und über Jahrhunderte verehrte Figur befindet sich in der Lambertuskirche (am nördlichen Pfeiler des Triumphbogens, an der Stelle des früheren Lettners). Das Marien-Gnadenbild, eine Holzplastik aus dem 15. Jahrhundert, war Ziel zahlreicher Wallfahrten und wurde ursprünglich in einer Kapelle vor der Kreuzherrenkirche (Ecke Altstadt/Liefergasse) angebetet.

32 Das Goethe-Museum in Schloss Jägerhof

Die Leidenschaft der Sammler

Johann Wolfgang von Goethe, Dichterfürst und Sprachgenie, war der prominenteste Gast der Brüder Jacobi auf deren Pempelforter Gut, dem heutigen »Malkasten«, direkt neben Schloss Jägerhof. Im 20. Jahrhundert kehrte er gewissermaßen für immer nach Düsseldorf zurück: Das Sammler- und Verleger-Ehepaar Kippenberg (die ehemaligen Besitzer des renommierten Insel-Verlags) stiftete seine bedeutende Goethe-Sammlung und bestimmte überraschend Düsseldorf als deren Sitz.

Die ungewöhnliche Sammlung huldigt nicht nur Goethe, sondern auch seiner von literarischem »Sturm und Drang« beherrschten Zeit. Autographen, Bilder, Bücher, Manuskripte, Möbel und Gebrauchsgegenstände zeigen, wie es bildungsbürgerlich hoch herging, als der bis heute über allen deutschen Seelentiefen schwebende Goethe die dunklen und leidenschaftlichen Seiten seiner faustischen Mitmenschen auf die Bühne und in die Bücher brachte.

Man kann in den Räumen und Treppenaufgängen keinen Schritt machen, ohne dem Meister ins Gesicht zu sehen: Goethe in Öl und Gips, in Stein und Marmor, skizziert, als Scherenschnitt und auch in Stahl gestochen. Die Ausstellungsstücke, die sein Leben und Werk illustrieren, sind ausnahmslos »eminente Fälle, die in einer charakteristischen Mannigfaltigkeit, als Repräsentanten von vielen anderen dastehen«, wie Goethe an Schiller schrieb, um seine eigene Sammelleidenschaft zu erläutern.

Den echten Goethe-Fans, die sich tief in den verdunkelten Räumen in seine Zeit einrollen wollen, werden auch atmosphärische Gesamtkunstwerke geboten, wenn beispielsweise unterm deutschen Weihnachtsbaum (denn der soll eine Kreation des Meisters sein) in Schloss Jägerhof klassisch und bildungsbürgerlich-besinnlich gefeiert wird.

Nirgendwo sonst, allenfalls in Weimar, kann man dem Mann und seiner Zeit näher sein als in Schloss Jägerhof, in dem Goethe selbst allerdings nie war.

Adresse Jacobistraße 2 | **ÖPNV** Straßenbahn 707, Haltestelle Schloss Jägerhof; Bus 721, Haltestelle Adlerstraße | **Öffnungszeiten** Di–Fr und So 11–17, Sa 13–17 Uhr | **Tipp** Wer nach so viel klassischem Goethe ganz profane Gegenwart haben möchte, muss nur ein kurzes Stück die Jacobistraße Richtung Wehrhahn hinuntergehen, um die Schadowstraße zu erreichen, die zu den umsatzstärksten Einkaufsstraßen Deutschlands zählt.

33 Die Goldene Brücke im Hofgarten

Von einem Ufer zum anderen

Für gewöhnlich werden die gigantischen Spiegelkarpfen, die schwarzen Schwäne und die exotischen Mandarinenten, die unter ihr hindurchschwimmen, mehr beachtet und bewundert als sie selbst. Dabei hätte gerade sie eine ihrem Status entsprechende Aufmerksamkeit verdient, denn die Goldene Brücke stammt zumindest als romantische Idee einer Brücke noch aus der Zeit am Ende des 18. Jahrhunderts, als der Hofgarten von einem barocken Lust- und Jagdgarten in eine bürgerlich-klassizistische Anlage umgestaltet wurde. Als stilistisches Landschaftselement akzentuierte sie einen künstlich angelegten See, den zu überqueren eigentlich wenig Sinn, aber viel Spaß machte. Die Brücke war Selbstzweck und Symbol für eine bürgerlich aufstrebende Zeit, deren humanistisches Ideal es wurde, den Menschen auch goldene Brücken im ganz normalen Leben zu bauen.

Die erste Brücke an dieser Stelle wurde vom Großherzoglichen Bergischen Baudirektor Adolf von Vagedes (1777–1842), einem Schüler Karl Friedrich Schinkels, errichtet. Sie war vermutlich hoch gewölbt wie die Rialto-Brücke in Venedig. Leider sind von Vagedes' maßgeschneiderten Bauten in Düsseldorf nur noch das perfekte Ratinger Tor erhalten, sein Meisterstück und zeitloser Geniestreich, der seinen Lehrer Schinkel zur weltberühmten Neuen Wache in Berlin inspirierte.

Die Goldene Brücke wurde dem wechselnden Zeitgeschmack entsprechend mehrfach umgebaut. 1951 erhielt sie im Rahmen einer Rundumerneuerung das heutige schlichte und biedermeierlich authentisch wirkende Geländer.

Schon seit einem Jahrhundert ist sie wunderbar flach, hinter Bäumen und Büschen nur bedingt einsehbar für wagemutige Radfahrer, die ungern abbremsen und geschickt – und mit dem ihnen eigenen Selbstverständnis, normalen Zweibeinern überlegen zu sein – die Entenfotografierer und Karpfenbewunderer hautnah schneiden, um in den grünen Tiefen des Hofgartens ebenso schnell zu verschwinden, wie sie aufgetaucht sind.

Adresse Zwischen Hofgartenstraße und Maximilian-Weyhe-Allee | **ÖPNV** U70, U74, U75, U76, U77, U78, U79, Haltestelle Heinrich-Heine-Allee | **Öffnungszeiten** Ganzjährig | **Tipp** Rechts hinter der Brücke (vom Parkhotel aus gesehen) liegt der Ananasberg, der in fernsehlosen Vorkriegszeiten zu den beliebtesten Ausflugszielen der Stadt zählte. Auf dem Berg, der natürlich nur ein aufgeschütteter Hügel ist, befand sich ein Café-Restaurant mit 1 500 Sitzplätzen.

34 Der Grabbeplatz

Mit gesenktem Haupt

Wenn die Einzelteile ein lebendiges Ganzes ergäben, müsste der nach dem Dramatiker Christian Dietrich Grabbe (1801–1836) benannte Platz eigentlich der bedeutendste, schönste und lebendigste in Düsseldorf sein. Mit der größtmöglichen Schnittmenge an Kunst- und Kultureinrichtungen fasst er Düsseldorfs Ambition zusammen, eine durch alle Zeiten bestehende Stadt der Künste zu sein.

An ihm oder in direkter Sichtweite liegen die Kunstsammlung NRW K20, die Rheinoper und die Kunsthalle. Ihr gegenüber, im Mausoleum der St.-Andreas-Kirche, ruhen die Gebeine von Fürsten und Fürstinnen aus dem Hause Pfalz-Neuburg, die in Düsseldorf fast 200 Jahre residierten.

An das Mausoleum stößt das alte noch von Schinkel klassizistisch umgestaltete Stadthaus, auf dessen Dach die erste Düsseldorfer Sternwarte des Mathematikers und Kuriositätensammlers Ferdinand Orban installiert war.

Die Kunstbuchhandlung Walther König befindet sich hier, die für die Moderne des 20. Jahrhunderts so bedeutende Galerie Hans Mayer, in der 1970 die legendäre Begegnung von Joseph Beuys und Andy Warhol stattfand, und der ambitionierte »Salon des Amateurs«, die neueste und letzte Düsseldorfer Kunstkneipe, in der schon der britische Malerstar Peter Doig als DJ seine Studenten rockte.

Aber die Einzelteile sind kein Ganzes, und der Platz bleibt seltsam leer, leblos, eine Traverse für Fußgänger und Autos, die ins nächste Parkhaus wollen. Vielleicht liegt das an den architektonischen Monstrositäten, die hier versammelt sind: die erschütternd lichtlose Fassade des K20, glatter schwarzer Granit, der nur in den 90er Jahren beeindruckte, der Betonkubus der ausstellungstechnisch völlig überholten Kunsthalle, die immer wieder vor dem Abriss gerettet wurde, und das dahinter zur Mühlengasse liegende wuchtige Gerichtsgebäude, dessen Eingangssäulen so hoch sind, als müssten sie den Himmel stützen.

Verdeckt von den Büschen des Hofgartens, hinter der Heinrich-Heine-Allee, an der Ostseite des Platzes, steht das Denkmal für Christian Dietrich Grabbe. Er hat das Haupt gesenkt und sich abgewendet.

Adresse Grabbeplatz | **ÖPNV** U70, U74, U75, U76, U77, U78, U79, Haltestelle Heinrich-Heine-Allee | **Öffnungszeiten** Ganzjährig | **Tipp** Vom Grabbeplatz sind es nur wenige Meter bis zu den turbulenten Ausgehmeilen der Altsadt.

35___Das Grabmal Wilhelm des Reichen

Ohne Pferd

Eigentlich hätte Herzog Wilhelm V., genannt der Reiche, ganz nach dem Geschmack auch der heutigen Düsseldorfer sein müssen. Und das nicht nur wegen seines verheißungsvollen Beinamens, der durch die Jahrhunderte immer auch eine Sehnsuchtssaite aller nach Erfolg strebenden Risikoanleger zum Klingen bringt.

Wilhelm wurde in Düsseldorf geboren und starb auch hier. Er kam also mitten aus der heutigen Altstadt, einer der seltenen echten Düsseldorfer, ein humanistisch gebildeter und zumindest in jungen Jahren gut aussehender Mann, der zu allem bereit war, um seine Macht zu mehren, und der selbst mit dem mächtigen Habsburger Kaiser Karl V. Krieg führte. Um ihn zu gewinnen, verheiratete er seine Schwester Anna von Kleve mit Heinrich VIII. von England (der zwei seiner Ehefrauen köpfen ließ) und hoffte auf familiäre Waffentreue. Er selbst suchte in Franz I. von Frankreich einen weiteren Verbündeten und ehelichte eine seiner Nichten, die allerdings noch ein Kind war. Als die angeheirateten Hilfen ausblieben und Wilhelm die Schlachten im Rheinland gegen das Heer Karls V. verlor, ließ er seine Ehe annullieren und heiratete, um schneller zum Ziel zu kommen, Maria von Habsburg, eine Verwandte des Kaisers.

Wilhelm der Reiche gab das Geld, das er hatte, und auch das, das er nicht hatte, mit vollen Händen aus. Sein Hof in Düsseldorf war prachtvoll und bei seinen Zeitgenossen entsprechend beliebt. Man suchte seine Nähe und Freundschaft, und als er 1592 mit 73 Jahren starb, war es, als würde eine luxuriöse Epoche mit ihm zu Grabe getragen.

Sein Grabmonument aus mehrfarbigem Marmor in der Lambertuskirche, das den Herzog in voller Rüstung auf seinem Sarkophag liegend zeigt, gehört zu den Hauptwerken der manieristischen Plastik in Deutschland.

Nach seinem Tod ist Wilhelm seltsam verblasst. Heute ist er den Düsseldorfern fast unbekannt, was vielleicht auch daran liegt, dass er kein öffentliches Denkmal hinterließ wie Jan Wellem, der grün angelaufen und hoch zu Ross noch mitten auf dem Marktplatz steht.

Adresse Lambertuskirche, Stiftsplatz | **ÖPNV** U70, U74, U75, U76, U77, U78, U79, Haltestelle Heinrich-Heine-Allee | **Öffnungszeiten** Täglich 8–18 Uhr | **Tipp** Der Kreuzigungsgruppe der Lambertuskirche gegenüber liegt die Theresienkapelle, die vom kurfürstlichen Hofbaumeister Matteo Alberti Anfang des 18. Jahrhunderts entworfen wurde und als letztes Gebäude vom ehemaligen Kloster der Karmeliterinnen übrig blieb.

36 ___ Der Greifweg

Am Ende eine Sammlung

Abends möchte man hier nicht durchgehen. Und vermutlich tut das auch niemand, der es nicht unbedingt muss: ein Weg, der die Phantasie und die Atmung in Schwung bringt und in einem merkwürdig dunklen Kontrast zum gutbürgerlichen und so wohlbehüteten Oberkassel steht.

Der Greifweg könnte Filmkulisse sein (vielleicht war er es auch schon), ein Schauplatz für Morde und vergebliche Schreie (vielleicht sind sie manchmal zu hören), eine Straße des Film noir, besonders schön bei Regen und im Nebel, den es leider nur noch sehr selten gibt. Man hört Schritte, die nicht hinter einem, sondern nur im Kopf hallen; Schatten, die plötzlich länger werden, erschrecken den, dessen Nerven dafür empfänglich sind.

Der Greifweg verläuft schnurgerade zwischen alten Werkstätten und Hinterhäusern, parallel zur Schanzenstraße, und erst sehr spät bemerkt man, dass es keine Fluchtmöglichkeit gäbe, wie in einem echten Thriller, denn alle Tore sind verschlossen. Nur ein paar Wachhunde hinter den Metallzäunen schlagen an oder scharren unter den Toren mit den Pfoten. Ganz unwillkürlich dreht man sich nach dem fernen und warmen Licht um, das von der befahrenen Belsenstraße her leuchtet.

Jörg Immendorff und Markus Oehlen hatten zeitweilig, in den bewegten Beuys-Jahren Anfang der 70er, hier ihre Ateliers. Und zumindest rückseitig ist diesem Industrieweg die schöne Kunst erhalten geblieben. An seinem Ende steht links zur Schanzenstraße (Nr. 54) ein umgebautes Fabrikgebäude aus dem Jahr 1907, das die Sammlerin Julia Stoschek als Wohnhaus und als Ausstellungsort für ihre Kollektionen zeitgenössischer Kunst nutzt. Die Fotografien, Videos und Installationen können einmal wöchentlich, an den Samstagen, nach Voranmeldung besichtigt werden.

Das ungewöhnliche Sammlungs- und Wohngebäude wurde zu einem architektonischen Gesamtraumkunstwerk von den Architekten Kuehn und Malvezzi umgebaut, die auch die Räume für die Friedrich Christian Flick Collection in Berlin entwarfen.

Adresse Greifweg/Schanzenstraße 54 (Julia Stoschek Collection) | **ÖPNV** U70, U74, U75, U76, U77, Haltestelle Belsenplatz; Bus 835, 836, 862, Haltestelle Belsenplatz | **Öffnungszeiten** Ganzjährig; Julia Stoschek Collection Sa 11–16 Uhr nach Voranmeldung | **Tipp** Der historische Oberkasseler Bahnhof (von 1898) am Belsenplatz trug wesentlich zur Erschließung und zur verkehrstechnischen Anschließung dieses ehemaligen Dorfes bei.

37 ⎯⎯⎯ Die Hand von St. Suitbertus

Im Westen nichts Neues

Die romanische Suitbertuskirche wurde 1237 geweiht und von den staufischen Kaisern Heinrich III. und seinem Sohn Heinrich IV. ihrer Bedeutung für die weltliche und geistliche Macht entsprechend mit beachtlichen Mitteln finanziert und ausgestattet. An ihrer Stelle stand ursprünglich eine vom heiligen Suitbert, dem angelsächsischen Missionsbischof, erbaute Klosterkirche, in der er 713 bestattet wurde.

Über dem Westportal befindet sich eine kleine in die Mauer eingelassene rätselhafte Hand, ein Relief, das gelegentlich als Schwurhand interpretiert wird. Die damit verbundene offizielle Geschichte ist etwas holprig und bezieht sich angeblich auf den Schwur, die zerstörte Kirche auch wieder aufzubauen, was aufgrund ihrer bewegten Historie ständig passierte.

Viel wahrscheinlicher aber ist es, dass die nach Westen, zur untergehenden Sonne und zur Finsternis gerichtete Hand das Böse abwehren soll, wie es römische Votivhände über den Hauseingängen gegen Zauber und böse Geister taten, die von den Frühchristen als Segenszeichen übernommen wurden. »Meine Hand soll mit dir sein« (Lukas 1,66). Der Kirche selbst hat sie leider wenig genutzt. Dass das Böse von Westen und vom Rhein kommen würde, wussten ihre Erbauer: Sowohl die erste Kirche als auch ihr staufischer Nachfolgebau erfuhren zahlreiche Zerstörungen – im 9. Jahrhundert wiederholt durch die Normannen, später durch die Belagerungen der Grafen von Berg, im Spanischen Erbfolgekrieg 1702 (als auch die Kaiserpfalz nebenan gesprengt wurde) und schließlich im Zweiten Weltkrieg, als die Westseite der Basilika von Granaten getroffen wurde.

Die Hand hat es überstanden. Noch immer hält sie kühl und steinern die Finsternis ab, damit im Osten, auf der anderen Seite der Kirche über dem Chor, das Licht in den Tag kommen kann.

Im Chor befindet sich auch der vergoldete Reliquienschrein des heiligen Suitbertus, der zu den herausragenden Arbeiten rheinischer Sakralkunst zählt.

Adresse St.-Suitbertus-Stiftsplatz | **ÖPNV** U79, Haltestelle Klemensplatz | **Öffnungszeiten** Täglich 10–18 Uhr | **Tipp** Der Stiftsplatz, der die ehemalige Stiftsimmunität bezeichnet, ist mit seinen historischen Kanonikerhäusern der vermutlich schönste und ruhigste Platz in Düsseldorf.

38 ____ Das Haus der Ey

Nicht mal eine Tafel

Eigentlich lässt man keine Gelegenheit aus, um an Johanna Ey (1864–1947) zu erinnern. Auch das Stadtmuseum widmete ihr erst vor Kurzem eine große Sonderschau mit dem selbstbewussten Titel: »Ich, Johanna Ey«. Um so erstaunlicher ist es, dass an dem Haus, in dem ihr wundersames Tun und Wirken als Galeristin begann, nicht einmal eine der sonst üblichen Tafeln an sie erinnert. Vielleicht liegt es daran, dass genau betrachtet auch das Haus nicht mehr existiert, obwohl es als eines der wenigen den Krieg überstanden hatte. Die Ratinger Straße 45 ist ein Nachkriegsbau, in dessen blasse Wand eine andere Tafel eingelassen ist, die besagt, dass Karl Leberecht Immermann, der Dramatiker und Theaterneuerer, hier starb. Das war 1840.

Johanna Ey hatte in ihrer eigentlichen und bürgerlichen Passion Kaffee und belegte Brötchen verkauft. Für Akademiestudenten schrieb sie an und nahm ihre Bilder in Zahlung, um auf ihre Kosten zu kommen. Ihr intensives Engagement für Bilder, die zunächst niemand wollte, hatte schließlich Erfolg. Sie wurde als Autodidaktin die Galeristin des »Jungen Rheinland« und zur meistgemalten Frau Deutschlands. Sie war nicht hübsch, sondern eher rund und feist, also ganz malerisch, und sie sprach unterschiedliche Temperamente an wie Arthur Kaufmann, Max Ernst, Gert Wollheim und Otto Dix.

Schon bald nach den ersten Verkäufen auf der Ratinger Straße eröffnete sie auf dem Hindenburgwall, der Oper gegenüber auf der heutigen Heinrich-Heine-Allee, eine große Galerie, die sich ungefähr an der Stelle des Restaurants »Op de Eck« in der Kunstsammlung K20 befand. »Neue Kunst. Frau Ey.« stand über den Fenstern. Auch die Kunstzeitschriften »Das Ey« und »Junges Rheinland« wurden ab 1920 in ihren Galerieräumen redigiert, und fast alles, was bei »der Ey« im Fenster zu sehen war, sorgte für Skandal.

Von Geschäften verstand sie am Ende doch nichts. Ein Teil ihrer bedeutenden Sammlung, zu der auch das berühmte, aber verschollene Bild »La Belle Jardinière« von Max Ernst und »Meine Eltern« von Otto Dix (museum kunst palast) gehörten, wurde gepfändet, der andere Teil verbrannte zehn Jahre später bei einem Luftangriff.

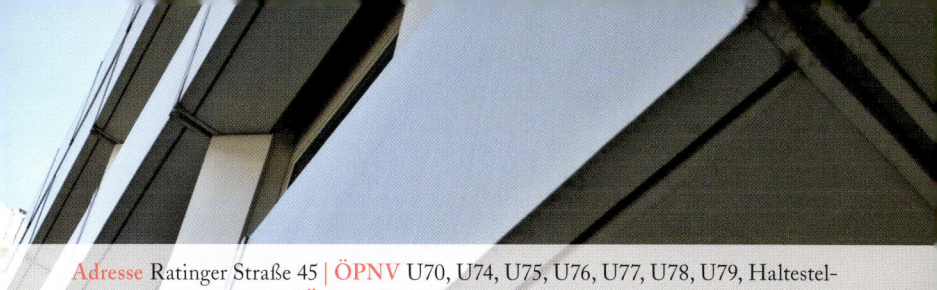

Adresse Ratinger Straße 45 | **ÖPNV** U70, U74, U75, U76, U77, U78, U79, Haltestelle Heinrich-Heine-Allee |**Öffnungszeiten** Ganzjährig |**Tipp** Am Ende der Mühlengasse, direkt der Kunstakademie gegenüber, steht ein weißes, etwas unproportioniert geratenes Haus, das früher, zu Johanna Eys Zeiten, auch als »Hungerturm« bezeichnet wurde. Die malerische Tradition des Hauses setzt heute die Doig-Schülerin Helena Parada fort.

39 ___ Das Haus Zum Neuen Schelfisch

Art & Noise

Nichts erinnert mehr daran. Die Gardinen sind zugezogen, und der Ort, unter dem das Kopfsteinpflaster früher jeden Abend von Musik und Ideen vibrierte, ist nur noch eine Imagination dieser stürmischen, schnellen und so unkonventionell optimistischen Zeit, als man noch glaubte, mit der Kunst die Welt retten zu können. Hier war der Fluchtpunkt im Unendlichen einer sich rasant entwickelnden Kunstgegenwelt, Neubrückstraße 12 – das legendäre »Creamcheese«, die einzige Düsseldorfer Künstlerkneipe, die es ins Museum geschafft hat (museum kunst palast). 1967 eröffnet, war das »Creamcheese« seit seinem ersten Tag mit Installationen von Nam June Paik und Günther Uecker der internationale Kunstrotationspunkt in einer Stadt, die sich damals noch, ohne rot zu werden, mit den größten Kunstzentren der westlichen Welt vergleichen konnte, mit Amsterdam, London und New York. Im »Creamcheese« verkehrten außer den Mitinitiatoren Uecker und Ferdinand Kriwet auch Gerhard Richter, Blinky Palermo (als später berühmt gewordener Kellner), Robert Filliou und Dieter Roth. Frank Zappa, dessen Musik im »Creamcheese« besonders in den frühen 70ern verehrt wurde, obwohl oder weil man ihn häufig aus drogentechnischen Gründen mit den zugedröhnten Songs von Captain Beefheart verwechselte, improvisierte im »Creamcheese« auf seiner Gitarre, gemeinsam mit Kriwet, der ein frühes multimediales Genie war.

Im selben Haus, heute noch an dem runden Fensterbogen erkennbar, befand sich der erste Galerieraum des legendären Konrad Fischer, der als Maler Konrad Lueg hieß und von dem seine beiden frühen Malkumpels, Gerhard Richter und Sigmar Polke, überzeugt sind, er wäre der größere Künstler von ihnen geworden, wenn er nicht als genialer Galerist die Szene beseelt hätte.

In seiner umfunktionierten und verglasten Toreinfahrt fanden aus heutiger Sicht sensationelle Kunstausstellungen statt, und rückblickend hat man den Eindruck, als sei die Düsseldorfer Kunst in eben dieser bescheidenen Toreinfahrt zur Welt gekommen.

Adresse Neubrückstraße 12 | **ÖPNV** U70, U74, U75, U76, U77, U78, U79, Haltestelle Heinrich-Heine-Allee | **Öffnungszeiten** Ganzjährig | **Tipp** Es ist nicht schön, aber bombastisch: Das Amtsgericht liegt direkt gegenüber auf der anderen Straßenseite, und wer spektakulär und strafverdächtig durch die Presse ins Bewusstsein der Düsseldorfer wandert, muss sich hier verantworten.

40 ____ Das Heine Haus

Ganz wehmütig

Natürlich ist nichts mehr so, wie es war, als Heinrich Heine im Dezember 1797 hier geboren wurde. Nach zahlreichen Umbauten und Kriegszerstörungen ist nur die Adresse die alte geblieben, aber die originale Grundausstattung, wie es sie gelegentlich in anderen Dichterhäusern gibt, mit Reliquien und Devotionalien, die an den Dichter erinnern, sind leider nicht vorhanden.

Heinrich Heine lebte in der Bolkerstraße 53 bis zum Sommer 1816, als er Düsseldorf verließ, um bei seinem Onkel Salomon in Hamburg in die Lehre zu gehen; später studierte er Jura in Göttingen und Heidelberg, wurde zum Lieblingsfeind der preußische n Zensur und emigrierte schließlich 1831 nach Paris. Dort starb er 1856. Nach Düsseldorf ist er nie wieder zurückgekehrt, auch wenn er über Düsseldorf und die Bolkerstraße die oft zitierten Sätze schrieb: »Die Stadt Düsseldorf ist sehr schön, und wenn man in der Ferne an sie denkt und zufällig dort geboren ist, wird einem wunderlich zu Mute. Ich bin dort geboren, und es ist mir, als müßte ich gleich nach Hause gehen. Und wenn ich sage nach Hause gehn, so meine ich die Bolkerstraße und das Haus, worin ich geboren bin.«

Viele Jahre erinnerte nur eine Bronzetafel an den sperrigsten deutschen Klassiker, zeitweilig zwischen 1933 und 1945 war selbst die verschwunden, und sogar sein Name wurde, da er Jude war, aus seinen Gedichten gestrichen. Aber heute ist zumindest Heines Geist reanimiert, der sich im Wesentlichen über seine Lust am literarischen Widerspruch definierte. In Heines Geburtshaus befindet sich seit 2006 die Literaturhandlung Müller & Böhm, die man, ohne anderen Buchhändlern auf die Füße treten zu wollen, als die beste in Düsseldorf bezeichnen kann: ein Ort, der die intellektuellen Batterien zweier Jahrhunderte bereithält, in der unerschütterlichen Annahme, dass Bücher und vielleicht auch ihre Leser die Welt werden retten können.

Ungefähr da, wo Heine geboren wurde, im Hinterhaus, befindet sich heute ein schöner lichter Vortragsraum, in dem von den Buchhändlern Selinde Böhm und Rudolf Müller Lesungen mit international renommierten Autoren veranstaltet werden.

Adresse Bolkerstraße 53 | **ÖPNV** U70, U74, U75, U76, U77, U78, U79, Haltestelle Heinrich-Heine-Allee; Straßenbahn 703, 706, 712, 713, 715, Haltestelle Heinrich-Heine-Allee | **Öffnungszeiten** Literaturhandlung Müller & Böhm im Heine Haus Mo–Fr 10–19, Sa 10–18 Uhr | **Tipp** Die »Arche Noah«, das Haus von Heines Onkel Simon van Geldern, auf dessen Dachboden Heine als Kind häufig spielte, befand sich in der Mertensgasse, einer Querstraße der Bolkerstraße. Am Haus Nr. 1 erinnert eine Gedenktafel daran.

41 Das Hetjens-Museum
Im Porzellan-Laden

Weltweit ist das Hetjens-Museum das Einzige, das die universelle Geschichte der Keramik von ihren Anfängen bis zur Gegenwart unter einem Dach präsentiert, wenn man den funktionalen, 1994 zum 85. Geburtstag des Museums eingeweihten Erweiterungsbau und das spätbarocke Palais Nesselrode als bauliche Einheit begreift.

Wie viele andere Sammlungen entsprang auch die von Laurenz Heinrich Hetjens (1830–1906) einem forschenden Dilettantismus im besten Sinn, einer lebenslangen Passion und sehr glücklichen Umständen. Durch die vorteilhafte Heirat mit einer älteren Industriellen-Witwe konnte sich Hetjens schon frühzeitig aus seinen Geschäften zurückziehen und sich ganz dem Sammeln von Steinzeug widmen.

Als Hetjens starb, vermachte er seine gesamte Hinterlassenschaft (damals ca. 2 000 Objekte) seiner Vaterstadt Düsseldorf unter der Bedingung, für 150 000 Goldmark (die er ebenfalls zur Verfügung stellte) binnen eines Jahres mit der Errichtung eines Museums zu beginnen. Da Hetjens offensichtlich über Menschen- und Städtekenntnis verfügte, hatte er für den Fall der Nichteinhaltung die Stadt Köln als Nacherbin eingesetzt.

Von ihrem ersten Standort am nördlichen Ende des Kunstpalastes, später Kunstmuseum, zog die durch zahlreiche Schenkungen bereicherte Sammlung (mittlerweile auf ca. 15 000 Inventarnummern angewachsen) 1969 in das spätbarocke Palais Nesselrode an der Citadellstraße um.

Vorantike Gefäße, etruskische Sarkophage, griechische Vasen, frühe Keramik aus Ostasien, Altamerika und dem Iran, rheinisches Steinzeug, französische Fayencen und europäisches Porzellan bedeutender Manufakturen bieten einen einzigartigen Einblick in einen Bereich weltweit verbundener Kulturgeschichte.

Durch eine Schenkung des Düsseldorfer Architekten und Mäzens Dr. Helmut Hentrich verfügt das Museum auch über eine hochkarätige Sammlung von Keramik des Jugendstils.

Die Spanne der Exponate reicht heute von der frühzeitlichen Keramik – die ältesten Stücke sind ca. 5 000 Jahre alt – bis zur aktuellen industriellen Nutzung in Wissenschaft und Technik.

Adresse Schulstraße 4 | **ÖPNV** Bus 726, Haltestelle Maxplatz | **Öffnungszeiten** Di, Do–So 11–17, Mi 11–21 Uhr | **Tipp** Im Haus Benrather Straße 3 wohnte der Schauspieler Wolfgang Langhoff, der im Konzentrationslager Börgermoor den Text zu den »Moorsoldaten« schrieb, einem zu seiner Zeit sehr populären Widerstandslied von Ernst Busch. Langhoff war nach dem Krieg Generalintendant in Düsseldorf, später Leiter des »Deutschen Theaters« in Berlin.

42 Am Heyebad

Zweckentfremdet

Zwei Kreuze und eine Menge Souvenirs erinnern an der Einfahrt zur Nachtigallstraße an Marcel und Jasmin, die hier, unmittelbar neben dem Heyebad, bei einem Unfall ums Leben kamen. Manchmal stehen alte Freunde vor den Kreuzen, rauchen und weinen und scheinen mit den beiden zu sprechen, als seien sie an dieser Stelle noch anwesend und als könnten sie die zaghaften Handbewegungen zum Abschied sehen.

Vor der »Trinkhalle Haltestelle«, ein paar Meter weiter, sitzen hoffnungslos verlorene Männer auf einer verblassten blauen Plastikbank, die einem verstörten Hund das Biertrinken beibringen wollen und die sonst nichts tun.

Neben dem Gerresheimer Hochbunker füttert auf einer kleinen umzäunten Wiese jemand Hühner mit altem gelben Broccoli, und die beschämend kleine Bronzetafel an der Ecke, wenn man an der Trinkhalle und an den Hühnern vorbeigegangen ist, erinnert an das Schicksal der Menschen, die vor diesem Bunker bei einem Artilleriebeschuss im März 1945 ums Leben kamen.

Das Heyebad neben dem Bunker wurde für die Arbeiter der Gerresheimer Glashütte gebaut, deren Wohnungen damals keine Bäder hatten. Heute ist es ein Jugendzentrum für die jüngsten Nachfahren der italienischen Gastarbeiter, die dem Glashüttenviertel ein südliches Ambiente wie das der Arbeiterviertel von Bologna oder Palermo geben.

Früher waren die Straßen hier dunkelrot eingefärbt, und wenn sich vor der sogenannten Machtergreifung der Nationalsozialisten SA-Züge Richtung Gerresheim auf den Weg machten, wurden sie schon am Grafenberger Wald von den Kommunisten abgefangen und zumindest eine Zeit lang, und vielleicht auch nur in der schönen Erinnerung, verprügelt. Das haben sie den Glasarbeitern nie verziehen, und im Mai 1933 fand in diesem Viertel die größte Razzia in Deutschland gegen Kommunisten und Sozialdemokraten statt, an der 3 500 Polizisten, SA- und SS-Leute teilnahmen. Das Heyebad wurde zur Einsatzzentrale umfunktioniert: 280 Arbeiter wurden vorübergehend in »Schutzhaft« genommen, 76 von ihnen zu Haftstrafen verurteilt und schließlich sieben von ihnen im Gefängnis der »Ulmer Höh« mit dem Beil hingerichtet.

Adresse Torfbruchstraße 350 | **ÖPNV** Straßenbahn 703, Haltestelle Morper Straße; Bus 730, 734, 737, 781, Haltestelle Morper Straße | **Öffnungszeiten** Mo–Fr 14–21.30 Uhr | **Tipp** Auch wenn sie heute meistens als Pizzerien und Trattorien neu aufgestellt sind, haben sich doch einige der legendären Gerresheimer Arbeiterkneipen zumindest in ihren Originalräumen erhalten, wie die »Nachtigall« von Karl Haumann.

43_Die Himmelgeister Kastanie

Drum prüfe, was sich ewig bindet …

Als nach vermuteten 150 und gefühlten 200 Jahren die mitten im Feld stehende Himmelgeister Kastanie angeblich wegen Krankheit oder Altersschwäche umzufallen drohte und deshalb vorsorglich gefällt, in Wirklichkeit aber einer vermuteten »Panzerstraße« hinter der Verteidigungslinie der Himmelgeister Deiche geopfert werden sollte, brandete die Welle der Empörung bis ins Amtszimmer des damaligen Oberbürgermeisters. Der stellte sich schützend und mit bestmöglicher Presseresonanz vor die in voller Blüte stehende Kastanie, umarmte und küsste sie und lehnte es kategorisch ab, sie zu Kleinholz machen und ihrem amtlich begutachteten Schicksal zu überlassen. In wirklich heroischen Zeiten werden Bäume nämlich nicht gefällt, sondern gepflanzt. Ein zweites Gutachten bestätigte dann auch, was alle außer den betonköpfigen Panzerfahrern eh schon wussten: dass der Baum im Kern gesund sei und vermutlich noch einmal 200 Jahre vor sich habe.

Die lokalpolitische Rettungsaktion wäre eine Fußnote der Baumgeschichte und der Romantisierung von Wahlkämpfen geblieben, wenn der Baum nicht angefangen hätte, Briefe zu empfangen und zu beantworten. Das hatte in Deutschland bisher nur ein einziger Baum getan, eine Eiche in Eutin, 503 Kilometer von der Himmelgeister Rosskastanie entfernt. Es war also naheliegend, die Kastanie und die Eiche, die zunächst nur Wahlverwandte waren, zu verheiraten, ein vermutlich einmaliger und widerspruchsloser Vorgang, denn Bäume machen aufgrund ihrer immobilen Standortbezogenheit nur selten Bekanntschaften, aus denen sich dann feste Beziehungen entwickeln.

Das Brautpaar wird von der Deutschen Post, die schon seit geraumer Zeit für jeden strukturellen Blödsinn zu haben ist, postalisch beliefert, und besonders originelle Briefmitteilungen werden auf der eigenen Homepage (mit Fan-Shop!) veröffentlicht, wie beispielsweise die herzlichen Grüße einer ganzen Reihe tief verwurzelter Jakaranda-Bäume aus Südafrika oder der Wunsch eines unbekannten Sammlers nach Post von der Kastanie, der schon Briefe von Lokomotiven, Feuerschiffen, vom Nikolaus und vom Osterhasen erhielt.

Adresse Kölner Weg, Postadresse: Kölner Weg 40589 Düsseldorf | **ÖPNV** Bus 835, Haltestelle Alt Himmelgeist, ca. 1 km Fußweg | **Öffnungszeiten** Ganzjährig | **Tipp** Fast vergessen, aber immerhin noch unverheiratet sind die beiden prächtigen Libanon-Zedern vor dem Gut Meierhof, die Mitte des 18. Jahrhunderts gepflanzt wurden.

44___Der Hungerturm

Nicht vom Brot allein

Gerade die barocken Herrscher mit ihrem bacchantischen und luxuriösen Lebensstil hatten häufig eine zärtliche Zuneigung zu denen, die asketisch, fromm und selbstlos lebten. Kurfürst Johann Wilhelm II., der in Düsseldorf omnipräsente Jan Wellem, schätzte deshalb besonders die Trappistenmönche, ein Suborden der Zisterzienser, die sich ausgesprochen harten und strengen Regeln unterworfen hatten. Sie lebten arm, selbstlos, zurückgezogen und schweigend, mehr in ihre Gebete als in die Welt vertieft, die sie mieden, um Gott näher sein zu können. Ihr Ideal war es, ganz im Gegensatz zum prunkvollen kurfürstlichen Hof, sich aus allem rauszuhalten, was außerhalb der Klostermauern geschah, und die Tage damit zu verbringen, zu beten und zu arbeiten. Der Kurfürst schenkte ihnen ein großes Areal im Düsseltal, in der Nähe des Grafenberger Waldes, und er soll sie oft besucht haben, um ihnen aus Neigung und Neugierde bei der Arbeit zuzuschauen.

Geblieben vom großen Kloster ist nur der Hungerturm. An ihm standen die Hungrigen seit Eröffnung des Klosters 1709 Schlange. Aus seinen Fenstern wurde denen zu essen gereicht, die nicht einmal zu essen hatten. Erhalten geblieben ist der Turm aber nicht so sehr wegen seiner historischen und barmherzigen Bedeutung, sondern vor allem deshalb, weil man ihn heute als Transformatorenhäuschen nutzen kann, das sich in die Umgebung unaufdringlich und schön einpasst.

Seine durchaus menschliche Würde wurde leider in den letzten Jahren aus irgendeinem Grund stark infantilisiert, indem man etwas dümmlich lächelnde Bronzefiguren aus seinen Fenstern herausschauen lässt, als stünde er auf einem Spielplatz.

Vielleicht sollen die simplen Reliefs aber auch den Schrecken einer alten Kindereinschüchterungsgeschichte mindern, mit der man in alten Zeiten gern pädagogisch in die Vollen ging: Demnach rührt der Name des Turmes nämlich daher, dass zwei unerzogene und uneinsichtige Kinder im Turm verhungerten.

Adresse Max-Planck-Straße/Ecke Fritz-Wüst-Straße | **ÖPNV** Bus 834, Haltestelle Fritz-Wüst-Straße | **Öffnungszeiten** Ganzjährig | **Tipp** Nur wenige Meter vom Turm entfernt, hinter Büschen und Bäumen etwas verborgen, sind die letzten Steine des ehemaligen Klosterfriedhofs der Trappistenmönche zu einer Art Grabstein-Rondell arrangiert.

45_Die Hunsrückenstraße 16

In der Huns Back Street

Ein heiliger Ort der Kunst, und keine Gedenktafel erinnert daran, dass von hier aus die Düsseldorfer Nachkriegsszene die Welt fast im Sturm nahm. Einzigartig und doch so profan, dass man sich die Cocktailbar, die heute in der ersten und damals provokant avantgardistischen Galerie Schmela installiert ist, einfach beiseitedenken muss und sich das berühmte Foto vergegenwärtigen sollte, auf dem Alfred Schmela und der später weltberühmte Yves Klein hinter dem Fenster rechts neben der Tür zu sehen sind, beide im Gespräch und unscharf in Schwarz-Weiß, im Mai 1957.

Schmela startete mit den monochromblauen Bildern Kleins den Angriff der Moderne auf die damals noch mächtig konservativ beschatteten Sichtweisen. Alles, was Schmela in den ersten Jahren ausstellte, machte Skandal. Er hatte die Presse und die Passanten gegen sich, aber er schien intuitiv darauf zu vertrauen, dass Kunst starken Gegenwind braucht, um überhaupt nach vorne zu kommen.

Schmela zeigte den damals noch unverkäuflichen und heute unbezahlbaren Kurt Schwitters und den Exzentriker George Mathieu, der vor einem verblüfften Publikum wie ein eleganter Musketier mit den Leinwänden focht. Schmela wurde der Galerist der aufstrebenden Gruppe ZERO, und spätestens mit dem großen, spektakulären, auch TV-tauglichen ZERO-Fest vor seiner Galerie und auf den Rheinwiesen am 5. Juli 1961 hatten Schmela und seine Künstler Düsseldorf zu einem auch international renommierten Zentrum der deutschen Kunstszene gemacht.

Die auch für englische und amerikanische Künstler so wichtige, aber unaussprechliche Hunsrückenstraße wurde zur weltweit bekannten »Huns Back Street«.

Als diese erste seiner Galerien am 15. Dezember 1966 schloss, gab es eine »Hommage an Schmela«: An sieben aufeinanderfolgenden Tagen fanden sieben Veranstaltungen von sieben außergewöhnlichen Künstlern in der Galerie statt, die mit ihren glänzenden Namen die Leistungen ihres Mentors, Förderers und Mitverdieners Alfred Schmela bezeichnen: Otto Piene, Sigmar Polke, Konrad Lueg, John Latham, Gerhard Richter, Heinz Mack und Joseph Beuys.

Adresse Hunsrückenstraße 16 | **ÖPNV** U70, U74, U75, U76, U77, U78, U79, Haltestelle Heinrich-Heine-Allee | **Öffnungszeiten** Ganzjährig | **Tipp** Ohne Kneipe keine Kunst: Schmelas Künstler trafen sich in »Fatty's Atelier« (heute: »The Irish Pub«) gegenüber der Galerie, die vor Schmela eine Kneipe war und heute wieder eine ist.

46 Die internationale Bushaltestelle

Nach dem Container

Man kann das Reisen, ähnlich wie das Leben, als schöne Kunst betrachten. Das setzt natürlich einige Kenntnisse und vor allem Mittel voraus, die den goldenen Rahmen garantieren, den jede Kunst früher oder später braucht. Philosophisch ist es nach wie vor Geschmackssache, ob das Verlassen oder das Ankommen der eigentliche Sinn des Reisens ist, die Reise selbst, also ihr Weg, oder doch das Ziel an ihrem Ende. Ähnlich wie das Leben kann man das Reisen natürlich auch als Last sehen, als unvermeidliche Bewegung zwischen zwei Punkten, deren Distanz man irgendwie und eventuell mit vielen Unbequemlichkeiten überwinden muss.

Der Container, in dem man sein Busticket lösen kann, scheint auf das absolut Notwendige reduziert zu sein, das man braucht, wenn man eine Fahrkarte nicht unter freiem Himmel verkaufen möchte. Er könnte in einem Durchgangslager stehen, irgendwo am Rand von irgendetwas, das zu verlassen keiner Einstimmung bedarf und einen sentimentalen Abschied ebenso wenig kennt wie die Vorfreude, schon bald in einem anderen Land und vielleicht auch wieder in einem anderen Leben zu sein.

Man kann keine Souvenirs kaufen, kein letztes Glas im Stehen trinken, keinen Blick zurückwerfen auf die Stadt, die man gleich verlässt. Der Container steht an das Postgebäude gelehnt. Die Wartenden stehen herum oder sitzen auf ihren übergroßen Koffern und karierten Plastiktaschen, die zu platzen drohen, bevor der Reisebus um die Ecke biegt.

Busse fahren überall hin. Man kann viel Gepäck mitnehmen. Diese hier sind meistens nach Osten unterwegs, nach Bosnien, Estland, Mazedonien oder in die Ukraine, in Länder, die in den Köpfen viel weiter weg sind, als man eigentlich wahrhaben möchte.

Die Reisenden an diesem verbauten und so uncharmanten Ort hinter den ehemaligen Postgebäuden und der maroden Worringer Straße sehen nicht wie Touristen aus, eher wie Menschen, die zurückfahren und wissen, dass es dieses Zurück für sie eigentlich nicht mehr gibt.

Adresse Kurfürstenstraße/Ecke Worringer Straße (hinter der Hauptpost) | **ÖPNV** U70, U74, U75, U76, U77, U78, U79, Haltestelle D-Hbf; Straßenbahn 704, 707, 708, 709, 719, Haltestelle D-Hbf; Bus 721, 722, 725, 737, 752, 754, Haltestelle D-Hbf | **Öffnungszeiten** Mo–Fr 7–18, Sa 7–10, So 12–18 Uhr | **Tipp** Einen intensiven Vorgeschmack auf ferne Reiseziele geben die phantastischen Döner-Buden und exotischen Lebensmittelläden, die sich in der Worringer Straße und der Kölner Straße eingerichtet haben.

47 ____ Der Japan Store

Plastic Cosplay Zen

Dieser überraschend große Laden ist eine wunderbare Welt des Konsums und der Verpackungen, voll mit schrillen, bunten Farben und japanischem Alltagsdesign. Vieles scheint aufregend künstlich, anorganisch und der Teil einer Welt, die neben ganz profanen Dingen auch andere, mysteriöse beinhaltet, mit eigenen Spielregeln und Mythen.

Neben normal bürgerlichen Japanern, die sich mit Büchern, Magazinen und Lebensmitteln versorgen, wird der Japan Store vor allem am Samstagnachmittag von »Japanized Style«-Freaks frequentiert, jungen Menschen, die aus ganz Nordrhein-Westfalen anreisen, um hier ein schönes Wochenende einzuleiten. Die Cosplayer (abgeleitet von »Costume« und »Play«) feiern mit ihren auffälligen, originellen oder einfach nur abgekupferten Outfits ihre favorisierten Visual-Kei-Bands, Manga-Figuren und Animes, die sie lieben, verehren und die zumindest vorübergehend ihr Leben und ihre Phantasien beherrschen. Als lebende Replikas und Darsteller einer anderen Existenz sehen sie aus wie ihren Lieblingsfilmen entstiegen. Cyber-Punks mit extremen Haaren und manchmal krass geschminkt, als hätten sich die letzten europäischen Samurai in blasse, aber doch friedliche Space-Gothics verwandelt.

Überaus beliebt sind die einzigartigen Purikara-Kabinen, in denen man an Foto-Automaten mit vordefinierten Bildern kleine Fotosticker von sich und seinen Freunden fabrizieren kann.

Alles, was Kindern zwischen drei und sechzehn Jahren Spaß macht, wird hier angeboten, und die meisten etwas orientierungslosen Erwachsenen zwischen den Regalen scheinen im Auftrag ihrer Sprösslinge unterwegs zu sein.

Das Immermann-Viertel ist dicht besetzt mit japanischen und asiatischen Restaurants und Geschäften. Wenige Meter neben dem Japan Store befindet sich auch das älteste japanische Restaurant in Düsseldorf, das »Nippon-Kan«, das 1964 eröffnet wurde.

Adresse Immermannstraße 31 | **ÖPNV** U70, U74, U75, U76, U77, U78, U79, Haltestelle Oststraße | **Öffnungszeiten** Mo–Sa 10–19 Uhr | **Tipp** In einem Radius von weniger als 100 Metern befinden sich die besten und stark frequentierten japanischen Schnellrestaurants.

48 Das »Junge Rheinland« im Stadtmuseum

Die Zeitgenossen

Im Jahr 1918 verfassten der expressionistische Dichter Herbert Eulenberg und die Düsseldorfer Maler Arthur Kaufmann und Adolf Uzarski einen »Aufruf an die jungen rheinischen Künstler« mit dem Ziel, den rheinischen Künstlern »den ihnen gebührenden, schon viel zu lange vorenthaltenen Platz im deutschen Kunstschaffen zu erobern«. Man formulierte eine Kampfansage an die offizielle Kulturpolitik: »Mit jeder Cliquenwirtschaft, wie sie bisher bei fast allen Ausstellungen üblich war, soll ein für alle Mal aufgeräumt werden.«

Das war natürlich ein frommer, bis heute nicht erfüllter Wunsch, aber am 24. Februar 1919 wurde das »Junge Rheinland« gegründet. An der ersten in der Düsseldorfer Kunsthalle gezeigten Ausstellung beteiligten sich auch sofort 113 Künstler, die sich irgendwie benachteiligt fühlten. Der Wunsch, praktisch alle rheinischen Künstler großmütig zu umarmen, musste schon cliquentechnisch scheitern. Noch im selben Jahr spaltete sich der linksgerichtete »Aktivistenbund 1919« um den Fotografen Erwin Quedenfeldt vom »Jungen Rheinland« ab. Der Galerist Alfred Flechtheim wollte aus dem bunten Starterfeld nur die etablierten Größen des »Rheinischen Expressionismus« gelten lassen, und die neuen aufsteigenden Stars – Otto Pankok, Gert Wollheim, Otto Dix und Max Ernst – schlossen sich der Galerie von Johanna Ey an, die schließlich das Zentrum der Bewegung wurde.

Aber auch hier gab es Turbulenzen und Grabenkämpfe, Neid und Hysterie. Schließlich zog Ernst nach Paris, Wollheim wechselte nach Berlin, Dix erhielt eine Professur in Dresden. 1923 formierte sich die »Rheingruppe« gegen den Rest, und die verbliebenen revolutionären Künstler innerhalb des »Jungen Rheinlands« gründeten die »Asso« (Association proletarisch revolutionärer bildender Künstler Deutschlands).

In den Räumen des Stadtmuseums ahnt man nur wenig von diesen Kämpfen und Spannungsfeldern der frühen Avantgarde, aber es werden sehr bedeutsame Werke in einer Dauerausstellung gezeigt, unter anderem das Gruppenbild von Arthur Kaufmann »Die Zeitgenossen«.

Adresse Berger Allee 2 | **ÖPNV** Straßenbahn 704, 709, 719, Haltestelle Landtag/
Kniebrücke, U70, U74, U75, U76, U77, U78, U79, Haltestelle Heinrich-Heine-Allee |
Öffnungszeiten Di–So 11–18 Uhr | **Tipp** Wenn man die Citadellstraße zwischen Hetjens-
Museum und Stadtmuseum entlanggeht, hat man einen schönen und vermutlich richtigen
Eindruck von der Stadt, wie Heinrich Heine, der hier zur Schule ging, sie sah (allerdings
ohne Autos).

49 Das K20

Von hier aus

Schwarz, glänzend, geschwungen, abweisend, hochmütig und auch schön. Ein verschlossenes Gebäude von kühler Eleganz, in dem sich manchmal, bei klaren Lichtverhältnissen, die barocke Andreaskirche spiegelt und der Himmel sein Licht auf die Steine wirft.

Das mit Bornholmer Granit verkleidete und den Grabbeplatz prägende Gebäude, das kulturelle Herzstück Düsseldorfs, 1986 eröffnet und eigentlich damals schon zu klein, um alle bedeutenden Stücke der Sammlung adäquat zu präsentieren, wurde saniert und um 2 200 Quadratmeter Ausstellungsfläche in einem dreigeschossigen Anbau bis zur Ratinger Straße erweitert und im Juli 2010 nach zweijähriger Renovierung wiedereröffnet.

Das heißt viel mehr Platz und Raum auch für die 88 Werke von Paul Klee, die das Land Nordrhein-Westfalen 1960 einem amerikanischen Sammler abkaufte und damit den Grundstock der »Stiftung Kunstsammlung Nordrhein-Westfalen« legte. Als Direktor der früher im Schloss Jägerhof residierenden Sammlung wurde Werner Schmalenbach 1962 berufen, der den Schwerpunkt auf die Malerei des 20. Jahrhunderts legte. Schmalenbach war ein Glücksfall für Düsseldorf. Mit sicherem Gespür für das Bedeutende, nicht Marginale ausgestattet, trug er epochale Werke der klassischen Moderne zusammen, u. a. von Picasso, Braque und Gris, Kandinsky, Léger, Matisse und den Surrealisten Ernst, Dalí und Magritte, die ein konzentriertes Panorama der Avantgarden der erste Hälfte des 20. Jahrhunderts bieten. Die Kunst nach 1945 ist prominent mit Arbeiten von Pollock, Rothko, Rauschenberg, Lichtenstein, Warhol, Johns, Stella, Bacon und Werken des Nouveau Réalisme und des Informel vertreten. Schmalenbachs Nachfolger Armin Zweite, der mittlerweile die Sammlung Brandhorst in München kuratiert, ergänzte die Bestände u. a. durch einen großen Beuys-Block mit Installationen und Objekten, die für sich schon ein eigenes Museum bestücken könnten.

Das Museum besitzt mit der Erweiterung zwei große Räume für Wechselausstellungen, in denen auch zeitgenössische Kunst präsentiert wird.

Adresse Grabbeplatz 5 | **ÖPNV** U70, U74, U75, U76, U77, U78, U79, Haltestelle Heinrich-Heine-Allee | **Öffnungszeiten** Di–Fr 10–18, Sa und So 11–18, 1. Mittwoch im Monat 10–22 Uhr | **Tipp** Auf der anderen Seite der Heinrich-Heine-Allee, die den Grabbeplatz tangiert, steht in seiner ganzen schönen und funktionalen 50er-Jahre-Schlichtheit das Opernhaus.

50 Das K21

Der Zukunft entgegen

Ungefähr dort, wo das K20 am Grabbeplatz mit seiner Ausstellungstätigkeit aufhört, in den letzten Dekaden des 20. Jahrhunderts, beginnt die des K21. Nicht ganz junge Kunst (wie teils in der Kunsthalle und im Experimentiertunnel KIT, Mannesmannufer) wird gezeigt, sondern die unverzichtbaren Größen der mittleren Generation, repräsentiert zum Beispiel durch Arbeiten der Düsseldorfer Künstler Imi Knoebel, Katharina Fritsch, Thomas Ruff, Andreas Gursky, Thomas Schütte und Reinhard Mucha, die teilweise ganze Räume bespielen. Besonders durch den Erwerb der international zusammengetragenen Sammlung Ackermans (2004), die auch europäische Markttendenzen in den 80ern und 90ern fokussiert, wurde ein weiter Bogen in die aktuelle Moderne gespannt.

Der Schwerpunkt der Sammlung liegt auf plastischen Arbeiten und Installationen, die in ihrer substanziellen Auswahl vieles versammeln, was in den künstlerischen Debatten der letzten Jahrzehnte wichtig war. Christian Boltanskis »El Caso« von 1988 zum Beispiel, das Fotos der Täter und Opfer von Kriminalfällen in einer raumfüllenden Installation präsentiert, Marcel Broodthaers' Sammlung des »Département des Aigles« von 1972, das seinerzeit in der Düsseldorfer Kunsthalle heftige Kontroversen auslöste und zu einer Art Klassiker der Kunst des Sammelns geworden ist. Kabakovs »My Grandfather's Shed« von 1998 erlaubt dem Besucher durch das Betreten einer Hütte verdichtete Erfahrungen nostalgischer, trauriger Raumwelten. Nam June Paiks damals bahnbrechender »TV-Garden« (1972/74) aus 120 Fernsehgeräten und 600 Grünpflanzen wirkt heute rührend historisch, Reinhard Muchas riesiges »Deutschlandgerät« von 1990, das mehrere Ebenen belegt, bedrohlich und direkt der Welt George Orwells entsprungen.

Die Künstler Paul McCarthy, Ron Mueck, Rachel Whiteread, Jeff Wall und Juan Muñoz sind mit wichtigen Arbeiten vertreten, die sich großzügig im Haus verteilen.

Im obersten Stockwerk ist der Besucher dann (fast) ganz bei sich selbst angekommen und kann, in den locker verstreuten Sitzsäcken unter der großen, stützenfreien Glaskuppel des Museums ruhend, einen Blick über Düsseldorf werfen.

Adresse Ständehausstraße 1 | ÖPNV Straßenbahn 703, 706, 712, 713, Haltestelle Graf-Adolf-Platz | Öffnungszeiten Di–Fr 10–18, Sa und So 11–18, 1. Mittwoch im Monat 10–22 Uhr | Tipp Vor seiner musealen Nutzung tagte im alten Ständehaus der Landtag. 1988 bezog der Landtag NRW ein neues Parlamentsgebäude direkt am Rheinufer zwischen Rheinkniebrücke und Medienhafen.

51   Die Kaiserpfalz

Von Bischöfen und Söldnern

Viel ist nicht mehr übrig. Und das bisschen, das noch steht und vor 100 Jahren aus einem Steinbruch mehr oder weniger bestandssichernd rekonstruiert wurde, ist nicht so beeindruckend wie das wunderbare, aber längst vergangene Bild, das man sich von ihr machen kann. Die Kaiserpfalz war gigantisch, klotzig, mächtig, schön – ein echter Prachtbau, der immer wieder Feinde auf den Plan rief, die ihn zerstören wollten.

Im 11. Jahrhundert wurde der Königshof in Kaiserswerth von Heinrich III. zur Kaiserpfalz ausgebaut. Für die folgenden 200 Jahre sind insgesamt 57 kaiserliche Besuche von ihm und seinen Nachfolgern beurkundet, was zeigt, dass kein deutscher oder römischer Kaiser an ihr so ohne Weiteres vorbeikam.

Es war Anno von Köln, der Erzbischof, der hier vor der noch stehenden Westwand der Pfalz einen echten Blockbuster der Geschichte inszenierte. Im Jahr 1062 lockte er den zwölfjährigen Thronfolger Heinrich IV. auf seine bischöfliche Yacht, um ihn dem Einfluss seiner Mutter, der Kaiserwitwe Agnes von Poitou, zu entziehen. Der Sage nach raubte Anno nicht nur den Thronerben, sondern auch die Reichsinsignien, die in Kaiserswerth angeblich zu dieser Zeit aufbewahrt wurden.

Kaiser Friedrich Barbarossa verlegte den kapitalkräftigen Rheinzoll im 12. Jahrhundert von Holland hierher, was zu allgemeinen Begehrlichkeiten und Belagerungen führte. Bereits 1215 wurde die Stadt durch den Grafen von Berg erobert, 33 Jahre später, nach einem Jahr voller Blut und Tränen, durch Wilhelm von Holland.

Ab 1181 war Kaiserswerth Reichsstadt, und bis zu ihrer endgültigen Eroberung im Spanischen Erbfolgekrieg 1702 war die Stadt auf der Rheininsel ein Lieblingsziel von Soldaten und Söldnern.

Die Pfalz wurde noch im selben Jahr gesprengt, und von der einst imposanten Anlage mit mächtigen Wehrtürmen und einer vermuteten Höhe von 25 Metern blieb nur der Steinbruch.

Die heutige Ruine zeigt im Wesentlichen die Mauerreste des sogenannten Palas, das eigentliche Wohn- und Wehrgebäude, sowie die Grundrisse des Bergfrieds und des Klevischen Turms im Norden.

Adresse Kaiserswerth, Burgallee | **ÖPNV** U79, Haltestelle Kittelbachstraße oder Hal-testelle Klemensplatz (ca. 10 Min. Fußweg) | **Öffnungszeiten** Karfreitag–31. Oktober täglich 9–18 Uhr | **Tipp** Sehenswert und vor allem beneidenswert ist das südlich der Pfalz und der Galerie Burghof gelegene »Haus Freiheit« des expressionistischen Dichters Herbert Eulenberg.

52 Der Kaiserswerther Deich

Mit Gegenwind

Eigentlich heißt er Lohauser Deich, aber das sagt niemand, der aus der Stadt kommt. Gerade lang genug zieht er sich hin, etwa fünf Kilometer zwischen den Wasserwerken hinter der ESPRIT arena und dem Ausflugslokal »Alte Rheinfähre« in Kaiserswerth, um mit jedem Biergarten kompatibel zu sein: Selbst mit schweren Beinen wird man wieder nach Hause kommen.

Weit hinter dem Fluss rollt man an alten Pappeln vorbei, die den Wind brechen und ununterbrochen rauschen wie das Meer, das man sich hier, wenn die Wolken tief von Südwesten über den Niederrhein ziehen, gut vorstellen kann. Die Kühe auf den Feldern und unter den Hüteeichen sehen aus, als habe sie jemand extra für die Vorbeifahrenden arrangiert, um die Landschaft noch glaubhafter zu machen, wie auf einem Landschaftsbild des niederländischen Kuhmalers Paulus Potter.

Es scheint ein wenig bergab Richtung Kaiserswerth zu gehen, aber gleichgültig, in welche Richtung man fährt, immer hat man Gegenwind, der meistens nervt und für Durchhänger sorgt. Ehrgeizige Feierabendsportler fahren deshalb im Windschatten wie echte Profis, hart am Limit und knallrot und erschrecken andere Deichbewohner, die nur so vor sich hinstrampeln und gedankenverloren ihrem Fahrradradio lauschen wollen, dem Wind oder den Kiebitzen, die über den Feldern ihre Kapriolen schlagen.

Das Land ist weit und manchmal fast idyllisch, eigenartig unberührt, wenn für einen Moment alle Erinnerungsstücke aus dem Bild verschwunden sind, die an Alltag und Hektik erinnern. Plötzlich nur Felder, Wind und ein Fluss ohne Schiffe.

Aber dann meldet sich auch schon die Stadt in ihrer unmittelbaren Nähe zurück: Flugzeuge befinden sich bedrohlich tief im Sinkflug, andere starten mit durchhängendem Heck und drehen sich gewagt in die nächste Kurve, direkt über den Köpfen der Inline-Skater und Radfahrer, die vermutlich in diesen Momenten daran denken, dass es hier, zumindest an Sommerabenden, auch sehr schön ist und man eigentlich überhaupt nicht mehr verreisen muss.

Adresse Lohauser Deich zwischen Herbert-Eulenberg-Weg in Kaiserswerth und Rotterdamer Straße | **ÖPNV** U78, Haltestelle ESPRIT arena/Messe Nord, U79, Haltestelle Kittelbachstraße | **Öffnungszeiten** Ganzjährig | **Tipp** Mit der ESPRIT arena, die nach wie vor eher als LTU arena bekannt ist, sind wieder die schönsten Hoffnungen verbunden, seit Fortuna Düsseldorf in die Zweite Liga aufgestiegen ist, was sich schon fast wie Erste Liga anfühlt.

53 Der Karlrobert-Kreiten-Stolperstein

Gegen die Niedertracht

An verschiedenen Stellen im Düsseldorfer Stadtgebiet markieren sogenannte Stolpersteine auf den Gehwegen die letzten Wohnorte von Menschen, die von den Nationalsozialisten zwischen 1933 und 1945 deportiert und ermordet wurden. Über die meisten Opfer weiß man nichts oder nur sehr wenig. Im Fall von Karlrobert Kreiten ist das anders. Kreiten war ein in seiner Zeit schon bekannter Musiker, der von dem chilenischen Ausnahme-Pianisten Claudio Arrau ausgebildet und von Wilhelm Furtwängler, dem bedeutenden Dirigenten der Berliner Philharmoniker, gefördert worden war. Bereits mit 13 Jahren hatte er das Konservatorium besucht und mit 16 den »Großen Mendelssohn-Preis« gewonnen. Kreiten genoss schon sehr früh einen außerordentlichen Ruf als Pianist, und seine Konzerte waren für gewöhnlich ausverkauft.

Die Geschichte, die zu seiner Hinrichtung führte, ist ein Beispiel von geradezu unfassbarer Niedertracht, deren Opfer nicht nur Juden, Minderheiten und Andersdenkende, sondern auch Deutsche wurden, die unbedacht sagten, was sie fühlten und meinten. Kreiten hatte einer Bekannten seiner Mutter gegenüber, in deren Berliner Wohnung er sich auf ein Konzert vorbereitete, geäußert, dass er Hitler für einen Kranken und Wahnsinnigen halte und dass der Krieg für Deutschland nicht mehr zu gewinnen sei. Kreitens Äußerungen wurden an zwei überzeugte Nationalsozialistinnen weitergegeben, und die drei Frauen erstatteten gemeinsam Anzeige. Als die Reichsmusikkammer die Anzeige auch nach einem Monat noch nicht weitergeleitet hatte, wiederholten die drei Nazi-Frauen ihre Anzeige, diesmal direkt bei der Gestapo.

Kreiten wurde verhaftet, verhört und gefoltert und am 3. September vom Volksgerichtshof wegen »Feindbegünstigung« zum Tod verurteilt.

In einer einzigen Nacht, vom 7. auf den 8. September 1943, wurden zusammen mit Karlrobert Kreiten 185 weitere Gefangene in Berlin-Plötzensee gehängt. Kreiten war, als er starb, 27 Jahre alt.

Adresse Rochusstraße 7 | **ÖPNV** Straßenbahn 706, Haltestelle Marienhospital | **Öffnungszeiten** Ganzjährig | **Tipp** Nicht weit von Kreitens Wohnung entfernt, gewissermaßen hinter den Häusern Richtung Düssel, befand sich in der Prinz-Georg-Straße 96 das Hauptquartier der Gestapo. Heute ist es ein schön renoviertes Wohnhaus. Eine Tafel erinnert an die Leiden der Menschen, die dort verhört wurden.

54 Die Killepitschstube

Hautnah & mittendrin

Irgendwie ist hier vieles anders. Es gibt kein Bier, im Sitzen zahlt man mehr als an der Theke im Stehen, und oben in der Höhe dieses kleinen Raums befindet sich eine von manchen Stammgästen bevorzugte Empore mit winzigen Tischen, die wie eine Theaterloge in wunderbar dicker Luft einen schönen Ausblick auf die da unten an der Bar ermöglicht, die meistens eng stehen und sich an die eigenen Worte und Gläser klammern.

Man kommt überhaupt links und rechts schnell ins Gespräch. Ein idealer Ort zum Vorglühen und Aufwärmen, auch wenn hier gern der letzte und auch der allerletzte Absacker getrunken wird. Wein und Schnaps sind die zuverlässigen Beschleuniger, die einen gewissermaßen aus dem Stand in die kommunikative Umlaufbahn befördern. Besonders oft wird der hauseigene Kräuterlikör Killepitsch genommen, ein unverwechselbares uraltstädtisches Kultgetränk mit wachsender Fangemeinde, nach dem die Probierstube benannt ist. In den bunten Regalen stehen außerdem noch etwa 100 andere knallharte Einsteiger, von denen einige aus den Archiven sentimentaler Trinkgelage zu stammen scheinen: Verpoorten Eierlikör, Kosakenkaffee, Küstennebel und Klarer mit Speck. Mit diesen und anderen Klassikern verbinden die meisten Gäste durchweg schöne und manchmal lang zurückliegende Erinnerungen.

Angeboten wird außerdem eine ganze Reihe guter offener Weine, deren Qualität ausnahmslos über den lausigen Kopfspaltern liegt, die in anderen Altstadtkneipen als Angriffswaffe Verwendung finden. Und deshalb gibt es im »Killepitsch« viele Besucher, die sich auskennen und die Weine beriechen und beschnüffeln, von hinten nach vorne kauen, bevor sie den ersten Schluck nehmen. Das wird immer nachhaltig mit Lebenseinsichten und Weisheiten verbunden, die einen größtmöglichen Konsens vor dem Tresen erzeugen, den die Thekenfrauen, die große Seelen und noch viel größere Herzen haben, immer freundlich bestätigen.

Adresse Flinger Straße 1 | **ÖPNV** U70, U74, U75, U76, U77, U78, U79, Haltestelle Heinrich-Heine-Allee; Straßenbahn 703, 706, 712, 713, 715, Haltestelle Heinrich-Heine-Allee | **Öffnungszeiten** Mo–Fr 11–24, Sa 11–1 Uhr | **Tipp** Das »Killepitsch« liegt mitten in der Altstadt, also heftig umgeben von trinkfesten Sehenswürdigkeiten.

55 Das KIT

Extravaganter Einstieg

Es war immer erstaunlich, dass in einer Stadt, die sich seit mehr als einem Jahrhundert sehr selbstbewusst als Kunststadt begreift, für die Absolventen der Kunstakademie, also für die hausgemachte Zukunft, so demonstrativ wenig getan wurde. Für gewöhnlich beschränkte man sich auf die Beschaffung leer stehender Industrieetagen, die als Ateliers umdeklariert wurden, oder man vergab magere Förderpreise.

Der öffentliche Einstieg der Schüler und Meisterschüler der Akademie in einen wild durchwachsenen Kunstbetrieb lief zumindest von städtischer Seite aus über kleine bescheidene Kunsträume, die in ehemaligen Milchläden oder Bäckereien installiert wurden und bestenfalls den Charme des amateurhaft Bemühten hatten. Mit dem KIT (Kunst im Tunnel) wurde 2006 zumindest eine erste repräsentative Location geschaffen – in einem Tunnelraum unter der Rheinuferpromenade –, die als Dependance der Kunsthalle zum hochoffiziellen Kulturbetrieb der Stadt gehört und entsprechend in einen goldenen Rahmen gefasst wurde.

Auf 850 Quadratmetern werden Ausstellungen von Galeristen, Sammlern, den Künstlern selbst oder diversen Kunstvereinen kuratiert, die sich hauptsächlich mit den sehr aktuellen Arbeiten aus den Ateliers der Kunstakademie und ihrer Absolventen auseinandersetzen. Es werden aber auch Aktivitäten, wie zum Beispiel die der Düsseldorfer Eigeninitiative »Konsortium«, in einen größeren Bezugsrahmen gesetzt oder internationale Beziehungen erläutert wie bei der Ausstellung der amerikanischen Experimentalband Sonic Youth, deren inspirierendes Kreativ-Netzwerk unter anderem so unterschiedliche KünstlerInnen integriert wie Isa Genzken, John Cage und Sofia Coppola.

Ein hauseigenes Magazin erscheint zu den Ausstellungen und erläutert, was die Macher, Künstler, Poeten, Kuratoren und Kritiker alles im Sinn haben, wenn sie über die künstlerische Zukunft der Protagonisten und der aktuellen Kunstszene reflektieren.

Das KIT betritt man durch das »Café Curtiz« auf der Rheinuferpromenade.

Adresse Mannesmannufer 16 | **ÖPNV** Straßenbahn 704, 709, 719, Haltestelle Landtag/Kniebrücke | **Öffnungszeiten** Di–Sa 12–19, So und feiertags 11–18 Uhr | **Tipp** Auf dem Johannes-Rau-Platz treffen sich im Sommer und bei schönem Wetter Tangotänzer, die ihre choreographischen Leidenschaften einem bewundernden Publikum zeigen.

56　　Die Kölner Straße

Düsseldorfs andere »Kö«

Sie ist der vermutlich längste Widerspruch zu allen hochglanzpolierten Düsseldorfklischees. Zwischen Wehrhahn und Kölner Landstraße misst sie 2,6 Kilometer und fast 400 Hausnummern. Sie ist weder schick noch elegant, nicht reich und auch nicht schön, sie spricht viele Sprachen und nur noch selten Dialekt, und ihre durchaus beeindruckende Internationalität definiert sich nicht über kurzfristige Messebesucher, Global Player und schnell getaktete Shopping-Touristen, sondern über die vielen Migranten, Zuwanderer, Gastarbeiter, Flüchtlinge und Asylanten, die in ihrer Nähe wohnen.

Die Kölner Straße ist grau oder grell, ihr urbanes Make-up vergreift sich gern in der Farbe, immer etwas nachlässig aufgetragen, aber doch mit dem Selbstbewusstsein einer unschlagbaren Vitalität, die weiß, dass ihr die Zukunft gehören wird.

Nur mittendrin, zwischen Worringer Platz und Oberbilker Markt, scheint das Leben sie vergessen zu haben, ein totes Stück, wie ein Atemstillstand zwischen diesen historischen Plätzen, an denen früher die versammelte Arbeiterklasse mit geballten Fäusten und manchmal auf Barrikaden ihre Rechte forderte. Bis zur Machtergreifung der Nationalsozialisten im Januar 1933 war sie die Hauptstraße des »roten« Düsseldorf. Im Haus Nr. 44, das heute nicht mehr existiert, befand sich die Zentrale der Kommunistischen Partei.

An ihrem Anfang, vom Wehrhahn aus gesehen, gibt es einige indische und afrikanische Geschäfte, Imbisse und Restaurants, aber hier ist die vierspurige Straße mit doppelten Straßenbahnschienen in ihrer Mitte zu breit, um das Leben tatsächlich zu verdichten. Erst an ihrem Ende, hinter dem Oberbilker Markt, geht sie mit sich selbst auf Tuchfühlung. In den mit Selbstklebebuchstaben dekorierten Schaufenstern werden sensationell billige Artikel angeboten, darunter auffällig viele Koffer und Taschen für die, die noch nicht angekommen sind. Zu den hier gehandelten Ein-Euro-Jobs gibt es passend auch die Ein-Euro-Shops, und wie auf ihrer glitzernden Parallele, der weltberühmten Kö, gibt es die Flagship-Stores der großen Ketten: Schlecker, Lidl, KiK, Aldi und Plus.

Adresse Kölner Straße | **ÖPNV** U74, U77, U79, Haltestelle Oberbilker Markt/War-schauer Straße; Straßenbahn 706, Haltestelle Oberbilker Markt; Bus 736, Haltestelle Oberbilker Markt | **Öffnungszeiten** Ganzjährig | **Tipp** Vor der St. Josefskirche (zwischen Kölner Straße und Eller Straße) steht ein Bronzemonument, das die Geschichte Ober-bilks und der Kirchengemeinde versinnbildlicht.

57 ____ Die Konrad Fischer Galerie

Über den Tag hinaus

Als Maler nannte er sich Konrad Lueg und stellte selbst solo oder gemeinsam mit seinen Malerfreunden Sigmar Polke und Gerhard Richter bei bedeutenden Galeristen aus – bei Heiner Friedrich, René Block, Alfred Schmela und Denise René & Hans Mayer. Mit Gerhard Richter machte er 1966 in Frankfurt »die beste Ausstellung Deutschlands« (Selbsteinschätzung), und man mag darüber spekulieren, was aus Konrad Fischer (1939–1996) geworden wäre, wäre er der Maler Konrad Lueg geblieben. Dass er 1967 seine eigene Galerie eröffnete, ist mehr noch als für die internationale Kunstszene ein ganz seltener Glücksfall für Düsseldorf geworden. Fischer begann in einem kleinen Raum in der Neubrückstraße 12 (in der Toreinfahrt neben der ebenfalls legendären Künstlerkneipe »Creamcheese«) und schuf ein internationales Netzwerk von Künstlern und Visionen, das Düsseldorf in den 70er Jahren zu einer der bedeutendsten Kunststädte machte.

Fischer entdeckte die Zukunft der Kunst in seinen damaligen Ausstellungen, die er fast ausnahmslos mit in ihrer Zeit völlig unbekannten Künstlern veranstaltete. Heute, nach einem halben Jahrhundert, liest sich sein Künstler- und vermutliches Freundesverzeichnis wie ein brillantes »Who's Who« der Gegenwartkunst: unter vielen anderen Carl André, Bruce Naumann, On Kawara, Lawrence Weiner, Hanne Darboven, Marcel Broodthaers, Gilbert & George.

Fischers feines Gespür für wirkliche Bedeutsamkeiten ignorierte konsequent zeitgebundene Markttendenzen, denn sein Ziel war – was heute geradezu romantisch und irreal klingt – nicht der Markt, sondern tatsächlich die Kunst.

Nach seinem frühen Tod 1996 setzte seine Witwe die Arbeit Fischers kongenial fort und macht, was ihre heutige Ausstellungskonzeption betrifft, ebenfalls keine Kompromisse. Wer also wissen möchte, was im Stundensand der modernen Kunst umhertreibt und in Zukunft wirklich festen Grund unter den Füßen haben wird, sollte die Galerieräume in Flingern besuchen.

Adresse Platanenstraße 7 | **ÖPNV** Straßenbahn 709, 719, Haltestelle Wetterstraße; Straßenbahn 706, Haltestelle Lindenstraße; Bus 834, Haltestelle Hermannstraße | **Öffnungszeiten** Di–Fr 11–18, Sa 11–14 Uhr | **Tipp** Nicht weit entfernt, in der Neander- straße 10, wohnte Düsseldorfs einst bedeutendster Kunsthändler für die Moderne, Alfred Flechtheim.

58 — Das Konsortium
Fenster zum Hof

Es ist eine der interessantesten und auch unscheinbarsten Kunstadressen in Düsseldorf: In einem Hinterhof, der aus viel zu deutlicher Tristesse zu bestehen scheint, befindet sich das Galerien-Atelier-Büro der Künstlergruppe Konsortium, die alles, aber keine Gruppe sein will, und fest daran glaubt, dass von hier aus, mit einer der letzten originalen Kriegsruinen Düsseldorfs vor Augen, die Kunstkreise durch ganz Westeuropa direkt in die Zukunft gezogen werden können.

Der Hinterhof hat etwas zwanghaft Ernüchterndes, nichts Pittoreskes, man muss an Mülltonnen und parkenden Autos vorbei, an demolierten Fahrrädern und ein paar vergessenen Kisten, die der Regen gerade aufweicht.

Die Gruppe, die keine ist, glaubt dennoch an das Gute in der Kunst. Konsortium denkt und fühlt abstrakt, und alles Verbindende spricht von intensiver und notfalls ruinöser Individualität. Die Künstler Lars Breuer, Guido Münch, Sebastian Freytag und die nicht zur Nicht-Gruppe gehörende, aber doch immer anwesende Angela Fette arbeiten gemeinsam an der Verbesserung räumlich bezogener Denk- und Orientierungssysteme.

Die Konsortium-Räume haben keinen Loft-Charakter, allein dadurch wirken sie irritierend, aber authentisch. Die Vernissagen sind von bierflaschentrinkenden Besuchern vollgestellt, die selbst Protagonisten von Kunst und Kunstabsichten sind, und die Enge, könnte man meinen, ist Teil eines Konzepts, das eigentlich Weite und Offenheit sucht. Hier finden Aktionen, Happenings und Ausstellungen statt.

Die Ideen des Konsortiums brauchen allerdings tatsächlich größere Raum-Zusammenhänge, die sichtbar machen, was die Nicht-Gruppe will, wie zum Beispiel in der Tiefgarage der Kunsthalle oder im KIT, in der die Nicht-Gruppe die interessanteste, weit über den üblichen lokalen KIT-Radius hinausgehende Ausstellung »Secondary Structures« 2007 mit selbstbewusstem Bezug auf die legendäre New Yorker Ausstellung »Primary Structures« von 1966 veranstaltete.

Adresse Ackerstraße 65 | **ÖPNV** Straßenbahn 709, 719, Haltestelle Birkenstraße | **Öffnungszeiten** Während der Ausstellungen und nach Vereinbarung | **Tipp** Die noch in den freundlichen Fallstricken der Akademie verfangene Nachwuchsszene stellt gelegentlich im Atelier der Künstler Friedemann Banz und Giulia Bowinkel aus, Ackerstraße 5.

59 Das »Kreuzherreneck«

Für immer und ewig

Wer über Jahre nicht hier war, findet das »Kreuzherreneck« genau so vor, wie er es verlassen hat. Selbst die alten Vinyle, die niemand mehr auflegt, stehen noch an ihrem Platz. Es riecht nach Bier und Nikotin, die Luft ist angenehm schlecht wie früher, als Kneipen noch hedonistische Orte waren, in denen man immer nur seinen Leidenschaften folgte und nach dem Lustprinzip den Deckel rund machte.

Der museale Grundton im »Kreuzherreneck«, das bei seinen forciert ergrauten oder mittlerweile kahlköpfigen Stammgästen nach wie vor »Bobby« heißt (benannt nach einem früheren Wirt), ist nicht Nostalgie, sondern eher die Einsicht, dass jede Veränderung absurd und launenhaft, aber nicht wirklich substanziell wäre. Es macht wenig Sinn, sich mit der Welt zu drehen.

Gefühlte 25 Quadratmeter haben allen modischen Stürmen widerstanden, die in den 55 Jahren, die es den »Schnapsausschank Kreuzherreneck« gibt, durch die Altstadt tobten – das macht abgeklärt und selbstsicher, und was draußen auf der Altestadt oder gegenüber in der Liefergasse passiert, interessiert nicht wirklich.

In seinen besten und vielleicht prominentesten Zeiten, Anfang der 70er, spielten an den Wochenenden Jazzcombos, und der Liedermacher Reinhard Mey gab auf dem Fasslift sein erstes und einziges Thekenkonzert. Auch heute noch kommen manchmal uralte Freunde mit ihren Banjos und Dudelsäcken vorbei, die schon vor einem Leben für Freibier und frenetischen Applaus spielten.

Über das »Bobby« ist ein prächtiger Bildband erschienen, in dem die Kneipe und ihre Gäste gefeiert werden, die unbekannten und auch sehr bekannten, und in dem sie sich ganz ungeniert mit den legendären Künstlerkneipen in Paris und Wien vergleicht. Mit diesem Buch ist das »Kreuzherreneck« vielleicht die einzige Düsseldorfer Kneipe, die auch am Ende aller Kneipenherrlichkeit zumindest in den Bibliotheken weiterleben wird.

Adresse Altestadt 14 | **ÖPNV** U79, U74, U75, U76, U77, U78, U79, Haltestelle Heinrich-Heine-Allee | **Öffnungszeiten** Mo–Do 17–1, Fr 17–5, Sa 12–5, So 17–1 Uhr | **Tipp** Die spätgotische Kreuzherrenkirche stammt aus der Mitte des 15. Jahrhunderts. An ihrer Südseite stand, damals noch vor dem Stadttor, eine kleine Wallfahrtskapelle, in der das Gnadenbild der Muttergottes verehrt wurde. Die Figur befindet sich heute in der Lambertuskirche.

60 Die Kreuzstation am Lindenplatz

Vergeben, aber doch vergessen

Den eigentlichen Anlass kennt niemand mehr, aber natürlich muss irgendetwas passiert sein. Und wie in anderen Fällen auch, wird es vermutlich ein Gelöbnis gewesen sein, eine Danksagung oder eine Erleuchtung, die immer am Anfang der Geschichten steht, wenn aus einem Saulus ein Paulus oder aus einem Ungläubigen ein Gläubiger und aus einem Gläubigen ein noch stärker Glaubender wird.

Es soll, so wird nur noch vage erzählt, jemand in einem Unwetter gerettet worden sein: Fast vom Blitz erschlagen, habe der von allen Ängsten Heimgesuchte geschworen, ein Kreuz zu errichten, wenn ihm das Leben von oben noch einmal geschenkt würde. Es sei, wird auch erzählt, von jemandem erbaut und aufgestellt worden, der sich nachts verloren und verlaufen habe, in einer Zeit, als dieses Gebiet noch unbewohnt und außerhalb der Stadt lag, irgendwo in den sumpfigen Auenwäldern vor den Höhen des Grafenberger Waldes.

Ein altes Kreuz soll es hier schon immer, lange vor dem jetzigen, gegeben haben, und immer sei es ein Zeichen der Gnade und des Schutzes gewesen, an dem die Pilger, die nach Gerresheim zur Blutkapelle unterwegs waren oder in umgekehrter Richtung zur hölzernen Jungfrau Maria mit dem Kind, dem damaligen und über Jahrhunderte verehrten Gnadenbild vor der Kreuzherrenkirche in der Altstadt, in die Knie gingen und beteten.

Gläubige sieht man heute selten, niemand kniet nieder, und kaum jemand, der die Stelle mit dem goldenen Heiland und den in Stein geschlagenen Bibelzitaten passiert, bekreuzigt sich. Manchmal bleiben Passanten stehen, die nach Hinweisen suchen, was das alles zu bedeuten habe.

Die brennenden Lichter im Efeu sehen geheimnisvoll aus, und da das Kreuz direkt an der Hauswand in einer Nische hinter Gittern montiert ist, scheint auch das Haus mit seinen Bewohnern geheimnisvoll und erhaben zu sein.

Adresse Lindenplatz | **ÖPNV** Straßenbahn 706, Haltestelle Lindenstraße, 709, 716, 719, Haltestelle Hoffeldstraße | **Öffnungszeiten** Ganzjährig | **Tipp** Einem anderen tiefen und unerschütterlichen Glauben begegnet man in den urgemütlichen Eckkneipen Flingerns: Eines Tages wird auch Fortuna wieder Deutscher Meister!

61 Die Kunstakademie

Und immer wieder Hausverbot!

Die Düsseldorfer Kunstakademie ging als kurfürstliche Gründung 1773 aus der privaten Zeichenschule des Malers Lambert Krahe hervor. Seit ihrer königlich-preußischen Neugründung 1819 gewann sie schnell an nationaler Bedeutung und wurde zeitweilig die führende Akademie im preußischen Königreich. Dabei spielte auch das besondere Verhältnis von Lehrern und Schülern eine tragende Rolle: Als Peter Cornelius, Gründungsdirektor und früher Malerstar, nach nur fünf Jahren Düsseldorf verließ, um in München eine Akademie aufzubauen, nahm er seine besten Schüler mit. Sein Nachfolger Wilhelm von Schadow schuf mit seinen wiederum aus Berlin mitgebrachten Schülern die in ihrer Zeit stilbestimmende Düsseldorfer Malerschule, deren bedeutendste Werke heute in internationalen Museen zu sehen sind.

Im 20. Jahrhundert unterrichtete hier unter anderem Paul Klee bis zu seiner Entlassung 1933, ebenso Ewald Mataré, der Lehrer von Joseph Beuys. Mataré selbst verhinderte übrigens zeitweise, dass Beuys Professor an der Akademie werden konnte. Als er es 1956 endlich wurde, wusste Beuys, was er sich und der Avantgarde des 20. Jahrhunderts schuldig war, und veranstaltete als verehrter und verachteter Kunst-Schamane mythomanische Happenings. Die akademische Professur gab er, trotz Hausverbots durch den damaligen Kultusminister und späteren Bundespräsidenten Johannes Rau, dennoch nicht auf. Das Medienspektakel um Professor Beuys, Anfang der 70er von ihm und seinen Schülern inszeniert, setzte die Düsseldorfer Akademie wieder in den wirkungsvollen Mittelpunkt eines heftigen Kunstinteresses. Jörg Immendorff, einer seiner Lieblingsschüler, erhielt wie Beuys mehrfach Hausverbot (unter anderem weil er im Gebäude seine eigene LIDL-Akademie gegründet hatte), wurde dann aber als gesamtdeutscher Maler zum Professor berufen. Auch Gerhard Richter, André Thomkins und Dieter Roth waren Lehrer, Isa Genzken, Katharina Fritsch und Andreas Gursky prominente Schüler.

Markus Lüpertz, der ehemalige Direktor und letzte Malerfürst, der auch in seinem Äußeren gern an die barocken Anfänge der Malerschule erinnerte, berief echte Kunststars als Lehrer an die Akademie: Siegfried Anzinger, Herbert Brandl, Tony Cragg, Albert Oehlen und Peter Doig.

Adresse Eiskellerstraße 1 | **ÖPNV** U70, U74, U75, U76, U77, U78, U79, Haltestelle Heinrich-Heine-Allee | **Öffnungszeiten** Mo–Sa nach Absprache, während des jährlichen Rundgangs Anfang Februar Mi–Fr 9–20, Sa und So 10–18 Uhr | **Tipp** Die nahe Reuterkaserne wird heute von der Akademie genutzt, war aber ursprünglich eine Kaserne für die in Düsseldorf stationierten Kavalleristen.

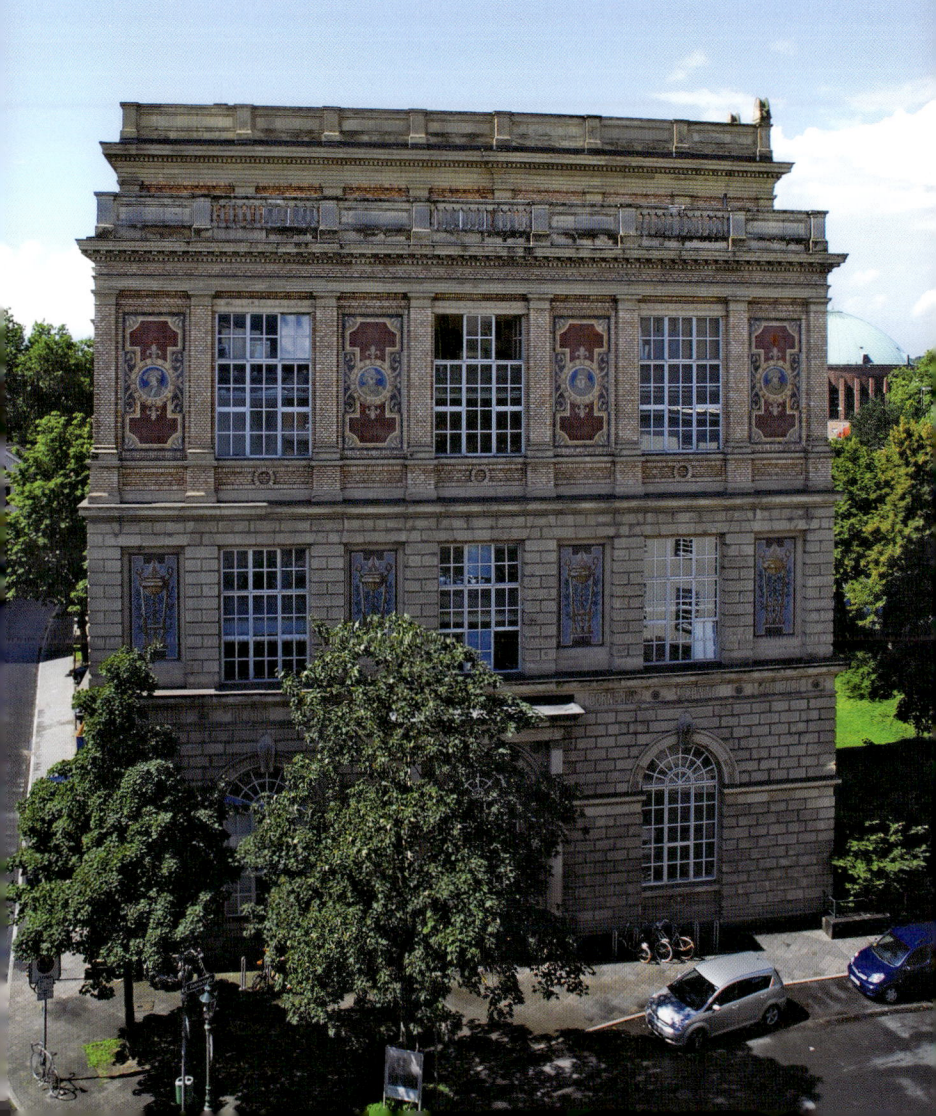

62 Die Kunsthalle

Glorreiche Zeiten

Es wird gern darauf verwiesen, dass die Düsseldorfer Kunsthalle über keine eigene Sammlung verfügt, und so, gewissermaßen unbeschwert und frei, agieren kann. Allerdings verfügt die Kunsthalle auch über keinen nennenswerten eigenen Etat, was es ihr fast unmöglich macht, unbeschwert und frei zu handeln.

In der ersten Dekade ihrer Existenz (eröffnet wurde sie 1967) bestimmten ihre teils provokanten Ausstellungsaktivitäten das intellektuelle Klima in Düsseldorf ganz entscheidend mit, ähnlich wie die Ereignisse in der Kunstakademie um Beuys und Immendorff oder die freien Inszenierungen im Schauspielhaus, die ein verschlafenes Abonnentenpublikum empört von den Sitzen riss.

Die Liste der damals noch fast unbekannten Künstler, die in der Kunsthalle gegen allgemeine öffentliche Sichtweisen gezeigt wurden, liest sich heute fabulös. Gezeigt wurden unter anderem Marcel Broodthaers, Robert Filliou, On Kawara, Dieter Roth, Daniel Spoerri, Claes Oldenburg, Edward Kienholz, Bridget Riley, Jim Dine, Francis Bacon, Panamarenko, Sigmar Polke, Yves Klein, Gerhard Richter, Anselm Kiefer, James Lee Byars, Julian Schnabel und Donald Judd. Sie alle warfen – und rückblickend von einer eher mageren Gegenwart aus besonders beeindruckend – ein wunderbares Licht auf die Stadt, die sich Ende der 60er, Anfang der 70er Jahre mit den größten Kunstmetropolen vergleichen durfte.

Die heutigen Mitarbeiter bemühen sich, aus wenig viel zu machen. Ihre lokale Rückbesinnung auf Düsseldorfs große Zeiten (zum Beispiel in der Retrospektive der legendären »between«-Ausstellungen) oder die kleinen Punk-&-New-Wave-Nostalgien, die sich um das Epizentrum des alten »Ratinger Hofs« drehten (in der Ausstellung »Zurück zum Beton«), zeigen aber auch, dass es der Kunsthalle nicht mehr möglich ist, die gegenwärtig großen Künstler, die in Düsseldorf leben oder arbeiten, für Ausstellungen zu gewinnen.

Im Kunsthallen-Kubus befindet sich auch der »Kunstverein für die Rheinlande und Westfalen«, Deutschlands ältester und mitgliederstärkster Kunstverein.

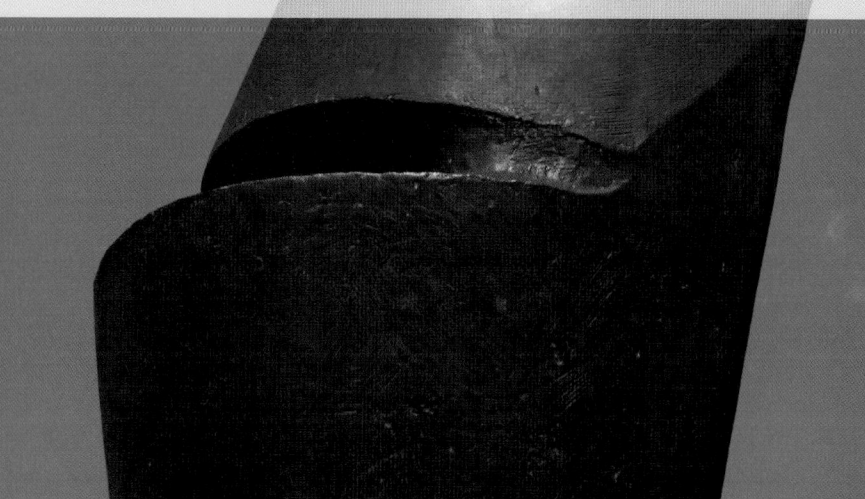

Adresse Grabbeplatz 4 | **ÖPNV** U70, U74, U75, U76, U77, U78, U79, Haltestelle Heinrich-Heine-Allee | **Öffnungszeiten** Di–Sa 12–19, So 11–18 Uhr | **Tipp** Hinter der Kunsthalle befindet sich das von Alfred Schmela erbaute Galerien-Haus (Mutter-Ey-Straße 5), in dem auch Konrad Fischer zeitweilig einen Ausstellungsraum hatte.

63 — Der Lantz'sche Park

Die Toten hinter der Wiese

Vielleicht weil er direkt unter der Einflugschneise des Düsseldorfer Flughafens liegt, erinnert er in seiner beständigen und fast menschenleeren Unruhe ein bisschen an den Park in Michelangelo Antonionis filmischem Meisterwerk »Blow up« von 1967: Man kann sich gut vorstellen, wie in seinen windgeschüttelten Büschen die Leiche und die Indizien eines Verbrechens verschwinden, von dem man nicht genau weiß, ob es wirklich stattgefunden hat oder ob es die Vergrößerung der eigenen gewalttätigen Phantasie ist.

Park und Villa waren einst im Besitz der Unternehmerfamilie Lantz, deren letzte Angehörige in einer heute verschlossenen neugotischen Grabkapelle am Rand des Parks hinter der großen Wiese bestattet wurden, gewissermaßen mit Blickkontakt zum mittlerweile leer stehenden Herrenhaus, in dessen dunklen Fenstern sich die anfliegenden Maschinen spiegeln. Angelegt wurde der englische Privatpark 1858 von Joseph Clemens Weyhe und 1880 erweitert durch Julius Bouché.

Nach verschiedenen Nutzungen, Leerständen und Ratlosigkeiten zog 1975 der Avantgarde-Galerist Alfred Schmela mit der Vorstellung hierher, aus der etwa 17 Hektar großen Parkanlage einen international bedeutsamen Skulpturengarten zu machen. Eröffnet wurde Schmelas Freilichtmuseum im Oktober 1975 mit der Aktion »Wasser im Park« des Concept-Künstlers Klaus Rinke, der auch die Uhren-Skulptur am Volksgarten schuf. Wie Rinkes Wasser sind auch die meisten Skulpturen im Bewusstsein versickert, und von den Plastiken, die Schmela im Lantz'schen Park aufstellen ließ, sind nur noch wenige erhalten, unter anderem Arbeiten von Erwin Heerich, Michael Gitlin, Kenneth Capps und die Nachbildung einer dramatischen, ehemals florentinischen Skulptur in Bronze, die in ihrer archaischen Gewalttätigkeit Antonioni und seinen Hauptdarsteller David Hemmings sicher erschreckt hätte: »Perseus enthauptet Medusa«.

Andere Arbeiten wie die berühmte Pop-Plastik »Tube, auf ihren Inhalt gestützt« von Claes Oldenburg wurden später zu ihrer eigenen Sicherheit verkauft, da für deren graffitilose Unversehrtheit in den Zeiten allgegenwärtiger Sprühdosen nicht mehr garantiert werden konnte.

Adresse Lohauser Dorfstraße | **ÖPNV** U79, Haltestelle Flughafenstraße; Bus 727, Haltestelle Lohausen Kirche | **Öffnungszeiten** Ganzjährig | **Tipp** Ganz in der Nähe liegt der gerade auf den neuesten Stand gebrachte Düsseldorfer Flughafen.

64 Die Lassalle-Gedächtnisstätte

Der Einzige, vor dem sie Angst hatten

Gemessen an seiner Bedeutung hätte Ferdinand Lassalle eine größere Gedächtnisstätte verdient. Der 1825 in Breslau geborene Jurist war einer der Begründer der SPD, die sich in ihren frühesten Anfängen noch »Allgemeiner Deutscher Arbeiterverein« nannte. Landesweit bekannt wurde Lassalle, der in Erbstreitigkeiten auch Heinrich Heine vertreten hatte, als Rechtsanwalt von Sophie Gräfin Hatzfeld, die in einem atemberaubenden Scheidungs-Thriller nicht nur ihre eigenen Rechte durchzusetzen versuchte, sondern auch den Frauen ihrer Zeit kompromisslose Wege aus dem Ehekerker wies.

Dass der Prozess Hatzfeldt gegen Hatzfeldt über alle Standesgrenzen hinweg von medialem Interesse war, lag auch an der vermutlich richtigen, allerdings nie bewiesenen Unterstellung, dass der um 20 Jahre jüngere Lassalle ein Verhältnis mit seiner ungewöhnlich attraktiven Mandantin hatte. Gemeinsam wohnten sie im Stadthaus der Gräfin, in der Friedrichstraße 53. Lassalle, der den Prozess und die Affäre mit der schönen Gräfin überlebt hatte, starb 1864 mit nur 39 Jahren bei einem von ihm provozierten Pistolenduell mit dem rumänischen Adligen Janko von Racowicza, dem früheren Verlobten von Lassalles letzter Liebe, Helene von Dönniges.

Das klassizistische Gartenhaus im Park von Schloss Kalkum, dem ehemaligen Wohnsitz seiner Mandantin und ihres ehelichen Gegners, erinnert mit weit geöffneten Fensterläden an diese bis zur letzten Konsequenz kämpferische Natur. Betreten kann man es nicht, nur hineinsehen, und in seiner komfortablen Größe könnte es ein bürgerlicher Mausoleumspavillon sein, gerade groß genug für einen bedeutsamen Toten und seine gelegentlichen Besucher. Lassalles bronzener Kopf sieht hinaus in den von Maximilian Weyhe angelegten Park, der das Wasserschloss von Kalkum umgibt, ein schöner und beschaulicher Ort mit alten Bäumen und Seerosen, der nichts mehr von den wilden Düsseldorfer Zeiten ahnen lässt, die Lassalle (»der einzige Kerl in Deutschland, vor dem die Fabrikanten Angst hatten«, Friedrich Engels in einem Nachruf) hier inszenierte.

Adresse Schloss Kalkum, Kalkumer Schlossallee/Oberdorfstraße, Gartenhaus im Schlosspark | **ÖPNV** Bus 749, Haltestelle Schloss Kalkum | **Öffnungszeiten** Schlosspark ganzjährig, Gedächtnisstätte nur von außen einzusehen | **Tipp** Das Schloss Kalkum liegt im Park hinter den Wassergräben. Zu besichtigen ist es nur an den Tagen des offenen Denkmals.

65 Der Malkasten-Park

Bitte lösen Sie ein Ticket!

Der nur etwa drei Hektar große historische, aber lediglich noch in Teilen original erhaltene Park steht seit 2001 unter Denkmalschutz und wurde, auch wenn das mehr gefühlt als sichtbar ist, an einigen Stellen wieder in Form gebracht, beschnitten, gesäubert und spätbarock arrangiert. Dafür muss man seit Mai 2009 Eintritt zahlen. Das macht natürlich kaum jemand, zumal der kostenfreie und viel schönere Hofgarten direkt gegenüberliegt. So hat man den Park fast immer für sich und kann ganz ungestört darüber nachdenken, unter welchem Baum Johann Wolfgang von Goethe gedichtet und wo Adolf Hitler seine rassisch reine deutsche Eiche im Oktober 1937 gepflanzt haben mag.

Die Brüder Johann Georg (1740–1814) und Friedrich Heinrich Jacobi (1743–1819) hatten ihren Landsitz, der damals vor den Toren Düsseldorfs lag, zu einem intellektuellen Zentrum des späten 18. Jahrhunderts gemacht. Mit den später zu Klassikern gewordenen Christoph Martin Wieland und Wilhelm Heinse gaben sie literarische Zeitschriften heraus und setzten sich kritisch mit den Schriften von Johann Gottfried Herder und Immanuel Kant auseinander, die damals die Köpfe des ambitionierten Bürgertums verdrehten.

Im Frühjahr 1848 wurde hier der in seinen Anfängen revolutionäre Künstlerverein »Malkasten« gegründet. Im bürgerlichen Kunstleben der Stadt spielte er viele Jahrzehnte die vermutlich wichtigste Rolle. Seine anarchischen Maskenbälle waren legendär und berüchtigt und galten als Indiz für das zumindest nächtlich sehr libertäre Düsseldorf. Als Andreas Achenbach, der letzte große Malerfürst dieser Ära, starb, wurde das alte »Malkasten«-Gebäude (im Krieg zerstört) mit riesigen Trauerfahnen und einem gigantischen Trauerflor bestückt, und von hier bis zum Nordfriedhof standen die Düsseldorfer, die Achenbach wirklich verehrten, respektvoll Spalier. Noch heute ist der Traditionsverein mit Ausstellungen und Veranstaltungen aktiv.

In den 90er Jahren war die Bar des »Malkastens« einer der sogenannten Hot Spots der Szene. Die Restaurantterrasse mit Blick in den Park ist zweifellos die schönste der Innenstadt.

Adresse Jacobistraße 6 | **ÖPNV** Straßenbahn 703, 712, 713, Haltestelle Jacobistraße; Bus 721, 722, Haltestelle Pempelforter Straße | **Öffnungszeiten** Täglich, Sommer 10–20, Winter 10–18 Uhr | **Tipp** Eine schöne Alternative zum historischen Malkasten-Park ist die ganz gegenwärtige »Malkasten«-Bar.

66 Das marokkanische Viertel

Die Stimmen aus Marrakesch

Natürlich ist es übertrieben, die wenigen Straßen, in denen sich marokkanische Händler niedergelassen haben, als Kasbah zu bezeichnen. Aber manchmal kann man es so lesen. Definitorisch fehlt der Kasbah von Düsseldorf allerdings der unmittelbare Bezug zu einer Altstadt oder Festung, den eine Kasbah immer haben muss, und das einzige mächtige Bauwerk in der Nähe ist die dunkle Eisenbahnunterführung zwischen Mintropplatz und Eller Straße.

Aber im unteren Teil der Eller Straße mit ihren Seitenstraßen ist die Dichte marokkanischer Läden und Cafés besonders groß. Die Geschäfte sind nach fernen Städten benannt, nach Tanger oder Casablanca, und ein Friseur nennt seinen Laden, vielleicht weil er von dort kommt oder weil sich Düsseldorf gern mit der französischen Hauptstadt vergleicht und das hier gute Geschäfte versprechen soll, »Paris«.

Man betritt eine Straßenszenerie, in der es kaum Frauen gibt und die Männer auf dem Trottoir bei Tee und neuerdings auch bei Wasserpfeifen sitzen. Obwohl wie in Marokko die meisten Männer westlich gekleidet sind, kann man gelegentlich Traditionalisten in ihren typischen Landeskleidern sehen, im Kaftan und mit Fes, die dem grauen Ort hinter dem Bahndamm etwas Würdevolles und Exotisches geben.

In der Lessingstraße befindet sich die vermutlich beste Fischhandlung von Düsseldorf, »Neptun«, die ehemals legendäre und bei allen Gourmets bekannte »Poisson d'Or«, in der es immer die frischesten und seltensten Mittelmeerfische gab. In den durchweg preiswerten Geschäften versorgen sich die marokkanischen Arbeiter und ihre Familien mit Lebensmitteln und Haushaltswaren, mit Schmuck und billigen Reisekoffern, die der Hoffnung Ausdruck geben, dass sie eines Tages zurückgehen werden zu den malerischen Orten, von denen sie gekommen sind, und die sie als Postkartenmotive in ihre Läden gehängt haben, neben die Bilder des Königs, den sie verehren.

Adresse Mintropplatz/Eller Straße und Seitenstraßen | **ÖPNV** Straßenbahn 707, 708, Haltestelle Mintropplatz; Bus 721, 727, 738, Haltestelle Mintropplatz oder Stahlstraße | **Öffnungszeiten** Ganzjährig | **Tipp** In der Vulkanstraße gibt es die raue und ganz herzliche Trainingslocation »Beim Box-Papst«, in der schon Henry Maske, Regina Halmich und die Klitschko-Brüder trainierten.

67 Das Mausoleum in der Andreaskirche

Lauter tote Fürsten

Bei der angeblichen und immer wieder beschworenen Liebe der Düsseldorfer zu »ihrem« Jan Wellem könnte man meinen, dass er kein willkürlich regierender Herrscher gewesen sei, der vor 300 Jahren starb, sondern ein populärer Held, dessen warmer Atem noch durch die Gassen der Altstadt weht. Mit feudalem Namen hieß er Johann Wilhelm, Kurfürst von der Pfalz, Herzog von Jülich, Kleve und Berg, ein glückloser Potentat, dessen Papierform als zeitweiliger Verwahrer der Reichsinsignien zwar beachtlich, aber der im wirklichen politischen Leben einigermaßen unbedeutend war.

Wann die Verklärung des Kurfürsten einsetzte, kann heute nur vermutet werden; zumindest die grundsätzlich liberal gestimmten Düsseldorfer machten sich nachträglich nicht viel aus seinem pompösen Auftreten, und selbst sein schönes von Hofbildhauer Gabriel de Grupello gearbeitetes Grab schien nicht der Mühe wert, anständig gepflegt zu werden. In den 30er Jahren des letzten Jahrhunderts befand es sich in einem maroden und desolaten Zustand. Der barocke Prunksarg des Fürsten war verschoben und geöffnet worden. Erst eine Beichte brachte an den Tag, wie es im Mausoleum hinter dem Chorraum der Andreaskirche tatsächlich zuging. Eine schnell einberufene Kommission sicherte die Grablege vor dem völligen Zerfall und besorgte die Gelder, um ihren Bestand zu sichern.

Aus Anlass der Jan-Wellem-Jahre 1958 und 2008 wurde das 1717 vollendete Mausoleum vollständig renoviert und der Öffentlichkeit wieder zugänglich gemacht. Von Anfang an war es vermutlich nur als Interimslösung gedacht, mit der eigentlichen Absicht, die Toten eines Tages in die Fürstengruft der Residenz nach Neuburg an der Donau zu bringen. Aber sie blieben, warum auch immer, in Düsseldorf. Jan Wellem war der letzte Pfalzgraf, der hier beigesetzt wurde. Neben ihm sind noch weitere sieben Mitglieder des Fürstenhauses bestattet, wobei der bis heute nicht eindeutig identifizierte Kindersarg einer »unbekannten polnischen Prinzessin« dem Mausoleum ein schönes und spekulatives Geheimnis gibt.

Adresse Andreasstraße 10 | **ÖPNV** U70, U74, U75, U76, U77, U78, U79, Haltestelle Heinrich-Heine-Allee | **Öffnungszeiten** Täglich, außerhalb der Messen; Pfarrkirche St. Andreas: Mo–Do 7.20–18.30, Fr und Sa 7.20–19, So 8.20–19 Uhr | **Tipp** Gegenüber dem Hauptportal der Andreaskirche hatte Joseph Beuys sein »Büro für direkte Demokratie«. Heute befindet sich dort die Design-Galerie Cebra.

68 Die Münstertherme

Der Sprung ins alte Wasser

Seit der Renovierung und Neueröffnung im Jahr 2003 heißt es »Therme«, weil das irgendwie schicker, zeitgemäßer und auch ein bisschen edler klingt als der alte Name, unter dem die Therme auch heute noch, vor allem bei den älteren Gästen, bekannt ist: Das »Münsterbad« wurde 1902 direkt neben der alten Feuerwache eröffnet und ist damit die älteste noch erhaltene Düsseldorfer Badeanstalt.

Dass man sie über Jahre etwas vernachlässigt und neben den vielen Spaß- und Eventbädern fast vergessen hatte, ein nützliches und wenig eitles Fossil aus der Kaiserzeit, das unspektakulär in sich ruhte, führte schließlich zu ihrem Denkmalschutz. Fast original erhalten präsentiert sie sich heute und kommt vor allem bei denen gut an, die kurze Bahnen und eine gewisse Unaufgeregtheit im Wasser bevorzugen. Überhaupt wird mehr gesprochen als geschwommen, was auch damit zusammenhängen mag, dass die meisten Schwimmer und Schwimmerinnen sich kennen, manche schon seit Jahrzehnten. Die hölzernen Umkleidekabinen mit ihren grünen Vorhängen sind museal, und wer von der Jugendstil-Balustrade unter dem Lichthof hinunter auf das Wasser und seine Badegäste sieht, die im Wasser zu stehen scheinen, erblickt ein leicht bewegtes, blaues Wellenbild, in dem die alten Kacheln fast meditativ unter der Wasseroberfläche schlängeln.

Das Bad ist heute natürlich technisch auf dem neuesten Stand und gibt sich nur in den optischen Komponenten konserviert und nostalgisch. Eine hypermoderne Membrananlage mit Natursole, die das Wasser chlorfrei desinfiziert, und ein Thermalsolebecken, das wärmer als die Nordsee ist, aber ebenso viel Salz enthält, sind heute die badetechnischen Neuerungen, die dafür sorgen, dass die Therme auch heute eine Zukunft hat.

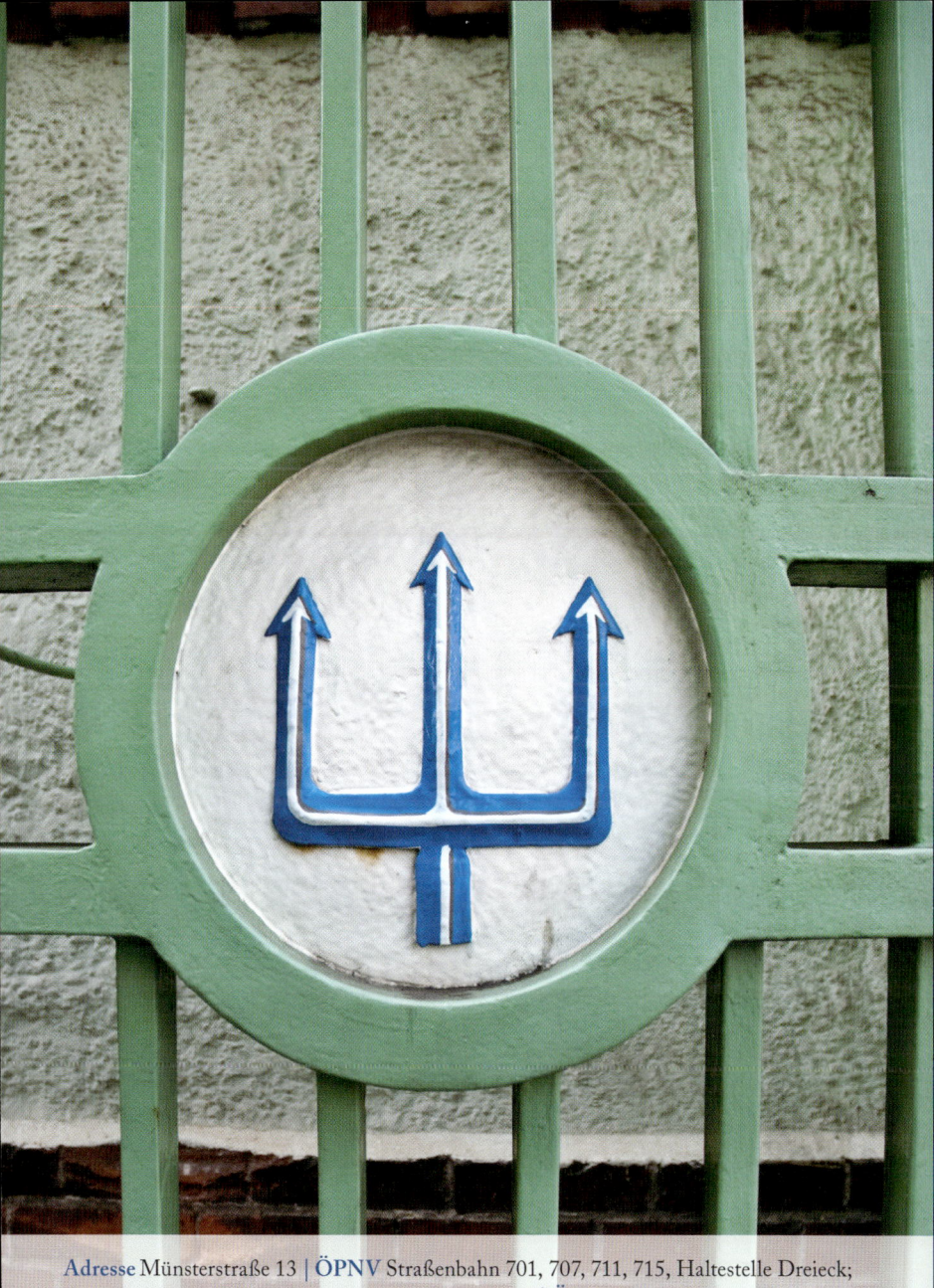

Adresse Münsterstraße 13 | **ÖPNV** Straßenbahn 701, 707, 711, 715, Haltestelle Dreieck; Bus 721, 752, Haltestelle Münsterstraße/Feuerwache | **Öffnungszeiten** Di und Do 6.30–21, Mi und Fr 6.30–22, Sa und So 8–17 Uhr, Mo nur Gruppen 13–16 Uhr | **Tipp** Am Anfang der Schwerinstraße (Nr. 1) befindet sich das alte Eiscafé »Da Forno«, das sich in den letzten Jahrzehnten vermutlich nur ganz behutsam verändert und deshalb besonders viele Liebhaber hat.

69 Die Napoleonsecke im »Schiffchen«

Der Kaiser beim Bier

Wenn es nicht wirklich passiert wäre, hätte man es natürlich erfinden müssen: Napoleon Bonaparte, Kaiser der Franzosen und Beherrscher der damals bekannten Welt, gönnte sich und seinen Generälen nach zahlreichen Feldzügen im Winter 1811 endlich ein Alt. Er war schließlich nicht nur nach Düsseldorf gekommen, um sich und seinen Schwager Joaquim Murat feiern zu lassen, den er zum Großherzog von Berg und später sogar zum König von Neapel ernannte. Er war auch nicht gekommen, um seinerseits den Menschen hier nur Komplimente und unhaltbare Versprechungen zu machen. Düsseldorf, obwohl es im Osten nur bis zum Ratinger Tor und im Süden bis zum Schwanenmarkt reichte, verglich er mit Paris, und zur Verschönerung der Stadt versprach er gewissermaßen aus der Lameng 100 000 Golddukaten, die er kaiserlich schuldig blieb, aber doch auf beiden Seiten ein gutes und angenehmes Gefühl hinterließen. Er war gekommen, um sich zu betrinken, um »Halven Hahn« zu essen oder Grünkohl mit Mettwurst, denn es war November, und nach dem ersten Frost schmeckt er besonders gut.

Napoleon war durch einen für ihn errichteten Triumphbogen geritten, am Anfang der sofort nach ihm benannten Kaiserstraße, dann durchs neue Ratinger Tor abgebogen auf die Straße zum Rhein, wo er die Ratinger Straße wegen ihrer frühen Betriebsamkeit »Rue du Matin« nannte, Straße des Morgens. Die alten Düsseldorfer, die am Straßenrand klatschten und Franzosen werden wollten, machten daraus »Retematäng«, was lange der Name dieses Teils der Altstadt blieb.

Dass er nicht sofort im »Füchschen«, im »Schlösser« oder später im »Uerige« ein Alt trank, lag nur daran, dass es diese Brauhäuser damals noch nicht gab. Aber das Brauhaus »Zum Schiffchen« existiert schon seit 1628, und so war es klar, dass Napoleon und seine Generäle hier eingekehrt sein müssen.

Köbesse haben auch sofort die Ecke markiert, in der Napoleon saß, und trotz Umbauten, Bombardements und Hausbränden ist sie durch die Jahre erhalten geblieben, geehrt mit seiner Büste und der Trikolore.

Adresse Hafenstraße 5 | **ÖPNV** U70, U74, U75, U76, U77, U78, U79, Haltestelle Heinrich-Heine-Allee; Straßenbahn 703, 706, 712, 713, 715, Haltestelle Heinrich-Heine-Allee | **Öffnungszeiten** Mo–Sa 11.30–24 Uhr, So und feiertags geschlossen (außer zu Messezeiten) | **Tipp** Heinrich Heine ging gegenüber in die Maxschule; die lokalgefärbte Anekdote, dass er vor oder nach Schulbeginn sein Bier am Tresen zischte, hat sich aber nie durchsetzen können.

Hier saß Napoleon 1811
mit seinen Generälen

70 Das Neandertal

Wo alles begann

Es ist natürlich eine gewagte Interpretation, das Neandertal für den ersten und vielleicht auch ältesten Düsseldorfer Ort zu halten. Denn rein gemeindetechnisch liegt das Neandertal auf Mettmanner Gebiet, also im Osten hinter Düsseldorf und gut zwölf Kilometer vom Stadtmittelpunkt entfernt.

Aber zum einen ist das Tal nach dem Düsseldorfer Kirchenmusiker und Pastor der Altstädter Neanderkirche in der Bolkerstraße, Joachim Neander, benannt, zum anderen hat man aus lokalpatriotischen Gründen lange angenommen, dass der zu Weltruhm gelangte Neandertaler der erste Mensch überhaupt und damit ein Düsseldorfer sei.

Nichts in seiner Höhle, die als »Kleine Feldhofer Grotte« in die Literatur eingehen sollte, wies darauf hin, dass er dort lebte und arbeitete. Er schien vielmehr jemand gewesen zu sein, der die Düssel hochgewandert war; ohne besondere Ausrüstung, wie die meisten Düsseldorfer das im Sommer früher irgendwann machten, ein namenloser, aber später weltberühmte Spaziergänger. Erst bei neuen Grabungen 1999 und 2000 fand man heraus, dass er nicht allein gewesen war, sondern mit vermutlich 70 anderen Düsseldorfern hier in Gemeinschaft lebte.

Entdeckt wurde er 1856 bei der Zerstörung des wildromantischen Tals von zwei italienischen Arbeitern der nahen »Actiengesellschaft für Marmorindustrie«, die hier Kalkstein abbauen ließ, und der Naturforscher Johann Carl Fuhlrott erkannte in den Knochenfragmenten keinen Höhlenbären, wie man zuerst vermutet hatte, sondern eine evolutionstheoretische Sensation.

Die alte Fundstelle befindet sich hinter dem Rabenstein, der letzten erhaltenen Felsnase, gewissermaßen in den Lüften. Mit sogenannten Fluchtstangen ist sie exakt markiert. Eine in den Boden eingelassene Zeitachse informiert, wann was in der Erdgeschichte los war. Die praktischen Steinliegen neben den Stangen sind mit dem Hinweis versehen, dass man sich hier liegend die Stelle in etwa 20 Metern Höhe vorstellen darf, in der vor 42 000 Jahren das Herz dieses ersten Düsseldorfers zu schlagen aufhörte.

Adresse Neanderthal Museum: Mettmann, Talstraße 300, Fundstelle: ca. 200 m entfernt, an der Mettmanner Straße | **ÖPNV** Regiobahn S28, Haltestelle Neanderthal; Bus 741, 743, Haltestelle Neanderthal (unmittelbar vor dem Museum) | **Öffnungszeiten** Fundstelle und Museum: Di–So 10–18 Uhr, Fundstelle: Nov.–Feb. 10–16 Uhr | **Tipp** Das multimediale Museum und das nahe gelegene Wildgehege bringen den oft kindlichen und jugendlichen Besuchern die Welt der fernen Höhlenbewohner so nah wie eben möglich.

71 Das Nitribitt-Grab

Die Geliebte einflussreicher Männer

Spektakuläre Tote haben leider nicht immer spektakuläre Grabsteine, und so muss man den von Rosemarie Nitribitt, der graugrün und ganz unauffällig ist, vielleicht eine Zeit lang auf dem Düsseldorfer Nordfriedhof suchen, bis man am Hauptweg, Feld 95, in der Nähe der Kreuzung zu Feld 94, etwas zurückgesetzt, vor ihm steht.

»Nichts besseres darin ist, denn fröhlich sein im Leben« steht auf diesem Stein, und vielleicht war es ihr Lebensmotto, vielleicht aber auch nur ein frommer Wunsch, denn ihr Leben, unehelich geboren, in Heimen aufgewachsen und schon früh vergewaltigt, war vermutlich traurig und von Gier und Materialismus bestimmt. In den 24 Jahren ihres kurzen Lebens, das 1933 in Düsseldorf begann, war sie vom renitenten Heimkind zur hochbezahlten Edelprostituierten avanciert, trug standesgemäß Nerz und Pudel, galt als paranoid geizig und wurde am 1. November 1957 in ihrem Luxusappartement in Frankfurt ermordet. Von wem, weiß man bis heute nicht. Ein kleines Notizbuch offenbarte einer interessierten und schockierten Öffentlichkeit ihre Liebhaber. Mächtige Männer hatten es sich auf und mit ihr exzessiv gemütlich gemacht: Harald von Bohlen und Halbach (einer der Krupp-Erben), Gunter Sachs (einer der Sachs-Erben) und Harald Quandt (einer der BMW-Erben).

Die Polizei, das stellte sich schnell heraus, hatte so schlampig wie nur möglich gearbeitet und konnte nicht einmal den genauen Todeszeitpunkt feststellen. Indizien verschwanden ebenso wie Protokolle, und ein Anwalt der Familie Krupp soll einem Zeugen (dem Geliebten der Nitribitt, der selbst beschuldigt wurde, der Mörder zu sein) Geld gezahlt haben, damit er verschweige, was den Krupps schaden könnte.

Für das Kino wurde sie 1958 neu erfunden. »Das Mädchen Rosemarie« nahm Nitribitts Leben in einer sehr harmlosen, freundlich satirischen Variante zum Anlass, der noch pubertierenden Bundesrepublik mit ihrem Wohlstandsgehabe, den Adenauer-Kommoden, Erhard-Zigarren und ihrer doppelten Moral auf den Zahn zu fühlen.

Die Bundesregierung soll versucht haben, die Premiere bei den Filmfestspielen in Cannes zu verhindern. So wurde »Das Mädchen Rosemarie« zum erfolgreichsten deutschen Film 1958.

Adresse Am Nordfriedhof 1, Grabfeld 95 | **ÖPNV** Straßenbahn 707, 715, Haltestelle Großmarkt; Bus 722, 729, 756, 834, Haltestelle Nordfriedhof | **Öffnungszeiten** Ganz-jährig | **Tipp** Für gewöhnlich wird auf dem Nordfriedhof die Düsseldorfer Prominenz zur letzten Ruhe gebettet. Zahlreiche Künstler und Industrielle liegen hier begraben, aber auch Tote, die erst durch ihren Tod spektakulär wurden wie Ernst vom Rath, dessen Ermordung zum Anlass der Reichspogromnacht 1938 genommen wurde.

72 Das NRW-Forum im Ehrenhof

Radical Chic

Man kann den Museumskomplex Ehrenhof als bieder, dumpf und schwer empfinden, abweisend und in seiner verschlossenen, wuchtigen Steifheit sogar bedrohlich, eine völlig aus der Zeit geratene Museumsarchitektur, die in ihrer Geschichte mehr ausschloss als aufnahm. Oben auf dem Dach liegt noch heute eine nackte, leicht hysterisch wirkende Bronzedame, eine grotesk akademische Plastik von Hitlers Lieblingsbildhauer Arno Breker. Sie erinnert ganz unabsichtlich daran, dass im Kunstpalast 1938 die Ausstellungen »Entartete Musik« und »Entartete Kunst« stattfanden. Der nationalsozialistische Museumsdirektor Hupp diffamierte aus den eigenen Beständen 900 Werke als »entartet« und ließ sie entfernen.

Heute befindet sich im Ehrenhof auch das »NRW-Forum Kultur und Wirtschaft«, die vermutlich agilste und vitalste Ausstellungshalle in Düsseldorf. Das NRW-Forum ist dem Zeitgeist mit multimedialen Präsentationen und manchmal phantastisch schrill bestückten Wechselausstellungen immer dicht auf der Spur.

Viele Ikonen und Lichtgestalten der Kunst- und Designerszene wurden hier präsentiert: die Fotografen Lindbergh, Corbijn, Ritts, Testino, die Modemacher McQueen, Westwood und Treacy, die nicht immer schöne Warenwelt in der wohl besten Ausstellung zum Thema: »Radical Advertising«. Bei den stark frequentierten Ausstellungseröffnungen treten sich regionale und internationale Celebrities bisweilen auf die Füße. Der didaktische Anspruch des Forums ist dennoch hoch – vielleicht auch gerade wegen seiner historisch beschatteten Architektur. Junge Museumsbesucher werden gern in Führungen und Sonderprogrammen über die kulturellen Geflechte der Gegenwart informiert. In der Media-Lounge stehen über 1 000 Videos zu Kunst, Musik und Werbung ständig zur Verfügung.

Das angenehm unhektische und in seiner Backstein-Retro-Optik schön anzuschauende Café des NRW-Forums kann auch ohne Museumsbesuch genutzt werden.

Adresse Ehrenhof 2 | **ÖPNV** U70, U74, U75, U76, U77, Haltestelle Tonhalle/Ehrenhof | **Öffnungszeiten** Di–Do, Sa, So 11–20, Fr 11–24 Uhr | **Tipp** Die Tonhalle wurde 1925/26 als Mehrzweckhalle für die Ausstellung »Gesolei« von Wilhelm Kreis erbaut und war damals das größte Planetarium der Welt. Heute genießt sie den zweifelsfreien Ruf, die beste Konzerthalle der Stadt mit einer exzellenten Akustik zu sein.

73 Der Oberbilker Markt

Der Platz der Unruhe

Schön ist er nicht, aber groß. An dieser scheppernden Straßenkreuzung queren sich sechs Straßen, über deren Hauptachsen, Kruppstraße und Kölner Straße, pausenlos der Verkehr pulsiert und den Anwohnern die Blässe ins Gesicht treibt. Die architektonischen Unverschämtheiten, die der Nachkrieg mit sich brachte und die sich in hilflosen Neuauflagen fortsetzen, tragen außerdem enorm dazu bei, die Sehnerven zu strapazieren: Der Platz ist ein ästhetisches und damit natürlich auch ein politisches Problem, denn dieser sozial eher schwache Teil Düsseldorfs hatte nach dem Krieg nie die Kraft und vielleicht auch keine Möglichkeiten zu irgendeiner Gegenwehr. Und so konnte hier jeder, der die Mittel hatte, mit kommunalpolitischem Rückenwind tun und lassen, was er wollte. Der Platz ist bis heute niederschmetternd und bis in die neuesten Details von einer atemberaubenden Hässlichkeit. Auch die gelegentlich postulierten Rettungsversuche vergrößern das Dilemma noch durch eine bemüht modernistische, aber ganz seelenlose Büro-Architektur, die substanzlos schnell in die Jahre kommt und natürlich nichts mit den Menschen zu tun hat, die hier leben. Allenfalls der zur Eisenstraße hin unter Bäumen gelegene und von Marktständen genutzte Teil lässt ahnen, wie er sein könnte und in seinen städtischen Anfängen auch war.

In seiner Jugendzeit nach dem Ersten Weltkrieg versammelten sich hier die Düsseldorfer Arbeiter, um für ihre Rechte zu demonstrieren. Im April 1919 kam es auf dem Marktplatz zu schweren Gefechten zwischen den Düsseldorfer Spartakisten und einem regierungstreuen Freikorps, das Granaten gegen die Oberbilker Barrikaden einsetzte. Fünfzig Tote blieben auf dem Platz zurück.

Kurz vor Ende des Zweiten Weltkriegs, am 16. April 1945, einen Tag, bevor amerikanische Truppen in Düsseldorf einmarschierten, wurde auf dem Platz der bis dahin in Oberbilk versteckt lebende Jude Moritz Sommer öffentlich gehängt, nachdem er von einer Heeresstreife entdeckt worden war.

Adresse Oberbilker Markt | **ÖPNV** U74, U77, U79, Haltestelle Oberbilker Markt/ Warschauer Straße; Straßenbahn 706, Haltestelle Oberbilker Markt; Bus 736, Haltestelle Oberbilker Markt | **Öffnungszeiten** Ganzjährig | **Tipp** Tangiert wird der Platz unter anderen von der Kölner Straße, die zumindest hier in ihrem oberen südlichen Teil lebendig wie in einem Istanbuler Vorort ist.

74___Der Park am Spee'schen Graben

Tragische Schlachten

Das Stück Düssel, das man vor dem Wehr zwischen den tief hängenden Büschen sieht, ist der letzte bescheidene Rest des Düsseldorfer Stadtgrabens, der an der alten Bastion mögliche Feinde davon abhalten sollte, die Stadt zu erobern. Angeblich ertrank an dieser Stelle ein Freund Heinrich Heines, nachdem der selbst zögerliche Heine ihn aufgefordert hatte, eine Katze, die hier ins Wasser gefallen war, zu retten.

Die nach Osten gerichtete und parallel zur Poststraße laufende Mauer ist alles, was von der Zitadelle blieb, die nie angegriffen und nach der Besetzung durch französische Revolutionstruppen dennoch geschliffen wurde. Ihr Wert war mehr theoretisch als praktisch, und auch die Franzosen hatten den direkten und vermutlich einfacheren Weg gewählt, als sie die Stadt von der offenen Rheinseite her sturmreif schossen.

Die Grafen von Spee bewohnten das Palais direkt am Berger Tor, das die Stadt nach Süden abschloss. Eine Gedenktafel über dem Tor zum Park erinnert an den Admiral Maximilian von Spee, der am 8. Dezember 1914 in der Seeschlacht vor den Falkland-Insel sein Geschwader verlor und gemeinsam mit seinen Söhnen Otto und Heinrich und 2 200 deutschen Matrosen den Tod fand. Auf englischer Seite starben nur zwölf Soldaten.

Auch an Ferdinand Lassalle und Johanna Ey wird mit Skulpturen im Park erinnert. Lassalle war Mitbegründer der Deutschen Sozialdemokratie und Anwalt der Gräfin Hatzfeldt, für die er einen Rosenkrieg gegen ihren Ehemann gewann. Johanna Ey, die resolute Kaffeetante von der Ratinger Straße, schlug sich zeitlebens als Galeristin für die Maler des »Jungen Rheinland«.

Die Platanen im Park sind mindestens so alt wie der Stadtgraben. In ihnen schreien grüne Halsbandsittiche aus Indien, und die Spaziergänger, die im Park hin und her gehen, fragen sich, ob ihre Anwesenheit den Klimawandel vorwegnimmt und ob sie den nächsten Winter überleben können. Der Park ist fast immer leer, nur wenige, meist ältere Leser sitzen auf den Bänken oder zwischen den Rosen, die mit ihnen verblühen.

Adresse Poststraße/Orangeriestraße (Eingang) | **ÖPNV** Straßenbahn 706, 712, 713, Haltestelle Benrather Straße; Straßenbahn 704, 709, 719, Haltestelle Poststraße | **Öffnungszeiten** Ganzjährig | **Tipp** Mit ein paar Schritten über die kopfsteingepflasterte Bäckerstraße ist man aus der Beschaulichkeit des Parks heraus und schon auf der lärmenden Rheinuferpromenade.

75 Das Rahmenmuseum

Kein Bild, das stört

Die Dinge sind hier ganz sprichwörtlich aus dem Rahmen gefallen, das heißt, die Rahmen, die ausgestellt werden, sind leer. Rahmen werden für gewöhnlich wenig geachtet, allenfalls beiläufig wahrgenommen, als hübsch oder als störend, passend oder unpassend empfunden. Andernorts, in Museen und Wohnungen, sind sie immer nur das praktische Äußere eines beachteten Inhalts. Den Bildern überhaupt erst einen angemessenen Rahmen zu geben, wird nicht immer geschätzt, manchmal sogar verachtet, als störe der Rahmen den Inhalt, und es hat Zeiten gegeben, in denen das Bedürfnis, Bilder zu umrahmen, eher als spießig und kleinbürgerlich empfunden wurde. Hier aber sind die Rahmen alles: Kein Bild, das von der Schönheit und handwerklichen Perfektion der Rahmen ablenken könnte. Es sind durchweg ungewöhnliche Meisterwerke, elegant, kostbar oder doch zumindest typisch für eine bestimmte Kunstepoche, in der sie entstanden. Etwa 1 200 leere und dicht ineinander gehängte Rahmen sind in den Räumen dieses Privatmuseums des Düsseldorfer Kunsthändlers Friedrich G. Conzen ausgestellt.

Die Lust auf Rahmen deckt sich mit der nach Repräsentation und zieht sich durch die Jahrhunderte. Das aufkommende Bürgertum liebte Rahmen in allen Formen und Varianten: Als in der italienischen Renaissance die Antike und ihre freiheitlichen Ideale, die zu einer Neugestaltung der Welt führen sollten, wiederentdeckt wurden, entwarf eine von Handel und Expansion bestimmte Gesellschaft neue Sichtweisen. Das Bild, das man sich von der Welt machte, brauchte eine definierte Festigkeit, ein Inneres und Äußeres, das dem Betrachter die Geschlossenheit seiner eigenen Ansichten präsentierte – der Blick in die Welt wurde erst kostbar durch einen Rahmen, durch den man sie wahrnahm. Damals, als diese Dinge noch wichtig und Bestandteil einer auf Ewigkeit gebauten Welt waren, war der Rahmen die andere Kunst, die zum Kunstwerk gehörte. Hier ist sie ausgiebig zu bewundern.

Adresse Bilker Straße 5 | **ÖPNV** U70, U74, U75, U76, U77, U78, U79, Haltestelle Heinrich-Heine-Allee; Straßenbahn 703, 706, 712, 713, 714, Haltestelle Benrather Straße oder Heinrich-Heine-Allee | **Öffnungszeiten** Besichtigungen und Führungen nach Vereinbarung (Tel. 96 68 18) | **Tipp** Kongenial zu den eleganten Rahmen sind die vielen klassizistischen Häuser der Bilker und Hohe Straße, in denen sie hängen könnten.

76___Die Ratinger Straße
Alte Liebe

Sie ist ein Mythos der Düsseldorfer Altstadt und bestimmt auf die eine oder andere Weise die Erinnerungen der meisten Düsseldorfer, die Ende der 50er, Anfang der 60er Jahre geboren wurden und deren damals junger und frischer Alltag von Nonkonformismus, Rebellion und Punk bestimmt wurde.

Zwischen »Ratinger Hof« (Nr. 10), »Uel« (Nr. 16) und »Einhorn« (Nr. 18) verliefen die kreativen Kraftlinien einer bis in die Fingerspitzen unruhigen Szene. Lange vor den Toten Hosen, die noch dilettantisch, aber extrem punknah über ihren Gitarren den Pogo tanzten, war der »Ratinger Hof« (eine provisorische Nachkriegsruine, die es heute nicht mehr gibt) die existenzialistische Underground-Seele der Altstadt, eiskalt und knallhart im Neonschein seiner Lichtröhren, mit Tanzfläche und legendärer Drogen-Toilette.

Die Alpha-Tiere dieser durchaus hierarchisch sortierten Kneipenszene standen entweder an den Tresen oder sie standen gar nicht. Die Besäufnisse und Exzesse auf der Ratinger waren berühmt und für die Beteiligten manchmal folgenreich. Der Mix aus Alkohol, Drogen, Erfolg und Erfolglosigkeit lichtete schließlich die Reihen, und das lange und zähe Ende dieser damals schrillen Kunstszene war abzusehen: Die Akteure waren sich selbst entweder nicht mehr gewachsen oder sie flüchteten noch rechtzeitig in ein gesünderes und weniger gefährliches Leben. Wer sich selbst überstanden hatte, schrieb dann manchmal Kunstgeschichte.

Die sogenannte Avantgarde wird immer irgendwann vom sogenannten Bürgertum eingeholt, und so ist es auch auf der Ratinger: Mittwochs und freitags ist die Straße heute mit Hunderten von netten Jura-, Medizin-, Medien- und BWL-Studenten besetzt, die nun die Akteure dieses einmaligen, aber harmlosen Straßentheaters sind.

Im »Ohme Jupp« (Nr. 19), auf der anderen Seite der Ratinger, sitzen nicht nur Rechtsanwälte mit ihren immer unschuldig aussehenden Mandanten, sondern auch weltberühmte Malerstars, Fotografen und Bildhauer mit ihren kompletten Klassen der nahen Kunstakademie, die allein mit ihrer Anwesenheit dafür sorgen, dass der Mythos der Ratinger tatsächlich noch lebt.

Adresse Ratinger Straße | **ÖPNV** U70, U74, U75, U76, U77, U78, U79, Haltestelle Heinrich-Heine-Allee | **Öffnungszeiten** Ganzjährig | **Tipp** Ziemlich am Anfang der Ratinger Straße, im Haus »Zum Schwarzen Horn« (Nr. 6), befand sich Düsseldorfs erstes Rathaus, das erst 1470, fast 200 Jahre nach der Stadterhebung, bezogen wurde.

77 Das Ratinger Tor

Säulen aus Athen

Das einzige heute noch erhaltene Düsseldorfer Stadttor hatte nie die Funktion seiner Vorgänger. Es war kein Stadttor im eigentlichen Sinn, denn als es erbaut wurde, war die Stadt bereits von allen Seiten und auch außerhalb der Tore zugänglich. Es entstand erst spät, nachdem die Stadtmauer und ihre militärischen Befestigungsanlagen durch die napoleonischen Truppen nach dem Frieden von Lunéville geschleift worden waren.

Das erste Ratinger Tor hatte sich an der Kreuzung Altestadt und Liefergasse befunden, direkt vor der Kreuzherrenkirche, die damals mit ihrem Heiligtum, dem Gnadenbild der Mutter Gottes, vor der Stadt lag. Ein späteres Tor war weiter nach Osten, auf die Ratinger Straße, verlegt worden, Ecke Mühlengasse, deren Name daran erinnert, dass neben dem alten Ratinger Tor eine Windmühle stand.

Das neue Ratinger Tor wurde zwischen 1811 und 1815 nach den Plänen des klassizistischen Baumeisters Adolph von Vagedes errichtet und hatte die Funktion eines Zolltores, an dem die Stadt aus eingeführten Waren einen Großteil ihrer Einnahmen bezog. Zur fiskalischen Hoch-Zeit, im ersten Jahrzehnt seines Bestehens, sollen diese Steuern immerhin ein Drittel der gesamten Stadteinnahmen betragen haben.

Vagedes hatte sein Tor an antiken Bauten orientiert und beide Torhäuser, die an kleine Tempel erinnern, mit dorischen Säulen umstellt. Sein Lehrer Karl Friedrich Schinkel reiste nach dessen Fertigstellung nach Düsseldorf, um die Arbeit seines Schülers zu betrachten und letztlich auch zu bewundern, denn Vagedes' Torbau inspirierte Schinkel nachhaltig zu einem seiner Meisterwerke, der Neuen Wache in Berlin.

Nach dem Zweiten Weltkrieg wurde im südlichen Torhaus von der Ausdruckstänzerin Hella Nebelung eine Kunstgalerie eröffnet, die später von Hete Hünermann, einer Schwester der Mäzenin Gabriele Henkel, weitergeführt wurde. Heute nutzt der ehemalige Direktor der Kunstakademie, Markus Lüpertz, das Torhaus als Atelier. Im nördlichen Haus treffen sich die »Düsseldorfer Jonges«, Düsseldorfs größter Heimatverein.

Adresse Maximilian-Weyhe-Allee 1 und 2 | **ÖPNV** U70, U74, U75, U76, U77, U78, U79, Haltestelle Heinrich-Heine-Allee | **Öffnungszeiten** Ganzjährig | **Tipp** Wenn die Bäume nicht so hoch und dicht belaubt wären, könnte man vom Napoleonsberg die glänzend weißen Torhäuser sehen. Von hier aus soll der Kaiser der Franzosen die Schönheit der Stadt besonders gelobt haben.

78 ___ Der Raum 20

Das Reich Beuys

Als Kunststudent bei Ewald Mataré und seit 1961 als ordentlicher Professor hatte Joseph Beuys (1921–1986) in verschiedenen Räumen der Kunstakademie gearbeitet und gewirkt, gelehrt und polemisiert. Zeitweilig war der »Raum 20« der Machtpol, an dem Beuys seine Batterien auflud und seine begeisterten Schüler den Kult um ihren Meister inszenierten. Hier feierte er seinen 50. Geburtstag, ein legendäres Happening und ein Schamanenfest, bei dem Feuer entzündet und Beuys mit Asche, Lehm und Federn geschmückt zum kunstgeschichtlichen Fetisch wurde.

Unter den vielen Künstlern, die an der Akademie wirkten, war Beuys derjenige, der die Kunst aus ihrem natürlich bedingten und teils akademisch definierten Elfenbeinturm direkt in das Bewusstsein auch unschuldiger Zuschauer katapultierte. Beuys hielt nicht nur die Akademie und ihre Direktion Anfang der 70er Jahre in ständiger Bewegung. Er schickte auch eine ganze Stadt auf die intellektuelle und ästhetische Teststrecke, wenn die Fragen, was Kunst sei und was sie nicht sein könne, an seinen Fettecken, beklebten Badewannen, an toten Hasen und am »Leben als sozialer Plastik« nach Antworten suchten.

Beuys wurde deshalb geliebt und verehrt, verachtet und gehasst. Kein bunter Hund war in Düsseldorf so bekannt wie Professor Beuys, dessen Hut und Weste zu unübersehbaren Markenzeichen eines neuen Kunstbewusstseins wurden.

»Meisterschüler von Beuys« zu sein war deshalb auch eine Auszeichnung, der etwas Sphärisches und nur irrational Begreifbares anhaftete, und seine von ihm so ausgezeichneten Schüler wurden fast alle, zumindest vorübergehend, zu anerkannten Stars. Auch nach seinem Tod schien es, als sei Beuys der letzte große noch lebende Künstler.

An Beuys erinnert heute nichts mehr in diesem Kraftraum der Düsseldorfer Kunstszene. Schüler und Meisterschüler anderer Professoren nutzen nun den Raum, der während des jährlich stattfindenden öffentlichen Rundgangs durch die Akademie, Anfang des Jahres im Februar, besichtigt werden kann.

Adresse Kunstakademie, Eiskellerstraße 1 | **ÖPNV** U70, U74, U75, U76, U77, Halte-stelle Tonhalle/Ehrenhof | **Öffnungszeiten** Ganzjährig; alljährlich im Februar findet der Rundgang, die Ausstellung der Studierenden der Kunstakademie, statt; www. kunstakademie-duesseldorf.de | **Tipp** Was so richtig in der Akademie abgeht und was die Studenten umtreibt, erfährt man schnörkellos beim Essen in der Mensa der Akademie.

79   Der Reeser Platz

Relikt aus einer ganz anderen Zeit

Vielleicht wie bei keinem anderen Düsseldorfer Platz stellt sich bei ihm die Sinnfrage. Was soll dieser große, graue, für gewöhnlich menschenleere Platz, an dessen Ende stumpf gezeichnete Soldaten klobig und martialisch als Reliefs in Stein geschlagen sind, die mit geschulterten Gewehren so aussehen sollen, als zögen sie aus den Niederungen ihrer Existenz direkt in den nächsten Krieg?

Der Platz ist ein kurioses Denkmal für das »Infanterieregiment 39«, das als »Preußisches Füsilier-Infanterie-Regiment« ab 1866 in Düsseldorf-Derendorf stationiert war. Zeitweilig trug es als »Ehrennamen« den des Generals Ludendorff, der gemeinsam mit Adolf Hitler im November 1923 einen Putschversuch in München gegen die Weimarer Republik unternommen hatte.

Das Denkmal wurde kurz vor Beginn des Zweiten Weltkriegs, im Sommer 1939, eingeweiht, und Anfang des Krieges meißelte man die Namen der Städte in die Wand, an deren Eroberung und Vernichtung das Infanterie-Regiment in Osteuropa beteiligt war. Neuerdings erläutert eine kleine Aluminiumtafel, die vor den Reliefs aufgestellt ist, in dürren Worten, was es mit dem Nationalsozialismus und seiner Kriegsverherrlichung auf sich hat.

Der Platz war auch Aufmarschplatz der SA und SS und außerdem das militärische Schau-Zentrum der sogenannten Schlageter-Stadt, die hier, wenn es nach den Vorstellungen der Nationalsozialisten gegangen wäre, in ihren Anfängen entstand, aber nicht vollendet wurde.

Der Freikorpskämpfer Albert Leo Schlageter war ganz in der Nähe auf der Golzheimer Heide im Mai 1923 standrechtlich von den französischen Besatzern erschossen worden, nachdem er bei Kalkum eine Eisenbahnbrücke in die Luft gesprengt hatte. Von den Nazis wurde Schlageter zum »ersten Soldaten« und »Märtyrer« des Reichs stilisiert.

Nur wenige Schritte vom Reeser Platz entfernt, in den Straßen, die heute nach Widerstandskämpfern benannt sind, wohnte auch der Gauleiter von Düsseldorf, Friedrich Karl Florian, der Düsseldorf zur »Festung« erklärt und fünf Männer hatte erschießen lassen, die im April 1945 die Stadt kampflos den Amerikanern übergeben wollten.

Adresse Reeser Platz | **ÖPNV** U78, U79, Haltestelle Reeser Platz | **Öffnungszeiten** Ganzjährig | **Tipp** Ganz unpolitisch und unbelastet von den Erbschaften der Zeit geht es im nahen »Aquazoo« im Nordpark zu, in dem fast 500 Tierarten gezeigt werden.

80 _____ Der Reinraum

Das Bedürfnis und die Kunst

Man könnte natürlich die Nase rümpfen, wie es ihre Besucher früher vermutlich auch getan haben, in Erinnerung an die alten Gerüche, die hier wehten, oder über die Idee an sich, ausgerechnet aus einer öffentlichen Toilette einen Raum für nichtkommerzielle Kunst zu machen.

Lange standen diese Räume leer, trübe, sinnentleert und mit in die Tiefe hinabführenden Treppen, die von Passanten gern als großer Abfalleimer und von Obdachlosen auch als Schlaftreppe benutzt wurden. Dann kam jemand auf die Idee, eine sehr coole, urbane Location für ganz aktuelle Kunst zu installieren, mitten in der Großstadt, die wirklich hip, bizarr und skurril ist, wie die Kunst, die hier ausgestellt werden soll. Auf immerhin 60 Quadratmetern unter dem Jahnplatz werden junge KünstlerInnen mit ihren Arbeiten vorgestellt, wobei die Formen der Präsentation völlig offen sind. Sie sind den Künstlern selbst überlassen, und »Reinraum« ist auch ein gemeinnütziger Verein. Es gibt ganz klassische Bild-Wand-Ausstellungen, aber auch Installationen, Happenings, Performances, in denen alle Medien und Einfälle festgelegte oder spontane Rollen spielen.

Bier kann man an einer kleinen Bar kaufen, und das junge, meist alternativ durchwebte Publikum inszeniert neben den Ausstellungsstücken natürlich auch immer sich selbst, zumal die meisten, die hier ausstellen, diejenigen kennen, die die Ausstellungen besuchen. Für gewöhnlich dauern sie drei Wochen, aber immer nur mittwochs abends ist der Reinraum geöffnet.

Man könnte es natürlich als sarkastische Abwertung empfinden, dass ausgerechnet die junge, noch mehr oder weniger schutzlose, nichtkommerzielle Kunst in diese Räume eines ehemaligen öffentlichen Pissoirs abgeschoben wird. Aber Marcel Duchamp, der avantgardistische Neuerer der Kunst des 20. Jahrhunderts, hatte bereits 1917 bei einer Ausstellung der Independent Artists mit einem seiner Ready-mades Kunstgeschichte geschrieben, mit einem umgedrehten Urinoir, also einem Pissbecken, wie man es heute noch in Kneipentoiletten findet.

Adresse Adersstraße 30a | **ÖPNV** Straßenbahn 701, 704, 709, 711, 715, 719, Haltestelle Berliner Allee | **Öffnungszeiten** Zu den Vernissagen und während der Ausstellungen Mi 19.30–22 Uhr | **Tipp** Von dieser Underground-Location ist es nicht weit bis zur Galerie EY der Wirtschaftsprüfungsgesellschaft Ernst & Young (Graf-Adolf-Platz).

81 Das Reiterstandbild auf dem Marktplatz

Kein Kaiser von Armenien

Man kennt ihn nur so – metallisch und grün. Und deshalb, vermutete ein Kenner der Düsseldorfer Befindlichkeiten, müsste man ihn, wenn er als barock kostümierte Erscheinung mit Allongeperücke und Wams in Karnevalsumzügen mitgeht, eigentlich immer grün anmalen, weil die Düsseldorfer sonst nicht wüssten, wer er sein soll.

Kurfürst Johann Wilhelm II. von der Pfalz, der Mann auf dem Pferd, wurde 1658 in Düsseldorf geboren, und da er die Stadt und seine Residenz nie aufgab (im Gegensatz zu seinen Nachfolgern), wurde er folkloristisch und leutselig zum niederrheinischen Jan Wellem. Das Volk nahm ihn – zu Lebzeiten wäre das natürlich nicht möglich gewesen – nach seinem Tod fest in die dicken Arme und strickte ihn zu einem volkstümlichen Herrscher um, der angeblich mit seinen Untertanen in der Poststation »En de Canon« (Zollstraße) am Tresen stand und zechte.

Als er nicht mehr war, wusste man, was man an ihm, einem charmanten und konsequenten Schuldenmacher, gehabt hatte. Bis zu seinem Tod 1716 hatte Johann Wilhelm II. viel Geld in die Stadt gepumpt, Künstler, Wissenschaftler und Kaufleute an den Rhein geholt und der Stadt zu einer ersten, schönen Blüte verholfen. Verheiratet war er in zweiter Ehe mit der letzten Medici, was seine Neigungen beflügelte, eine in ihrer Zeit sehr bedeutsame Kunstsammlung, die von Reisenden oft beschriebene Gemäldegalerie, zusammenzutragen. Als Truchsess des Deutschen Reiches war er zeitweilig dessen höchster weltlicher Potentat, konnte aber diese theoretische Macht nie ins wirkliche Leben überführen – ihm fehlte das eigene Königreich, das einige seiner Schwestern durch Einheirat gewonnen hatten, und Jan Wellem und Anna Maria Luisa Medici folgten eine Zeit lang der kuriosen und rührenden Idee, ein Kaiserreich in Armenien zu errichten.

Als sein Standbild von Gabriel de Grupello, seinem Hofbildhauer, gegossen wurde, sollen die Düsseldorfer – was sie sich später gern erzählten – aus Dankbarkeit ihr Tafelsilber mit eingeschmolzen haben, damit der Fürst auf dem Marktplatz überhaupt aufgestellt werden konnte.

Adresse Marktplatz | **ÖPNV** U70, U74, U75, U76, U77, U78, U79, Haltestelle Heinrich-Heine-Allee | **Öffnungszeiten** Ganzjährig | **Tipp** Die Entwürfe des nahen Rathauses stammen vermutlich von Maximilian Pasqualini. Der älteste Teil des Rathauses wurde zwischen 1570 und 1573 von Baumeister Heinrich Tußmann erbaut.

82 Die Rheinuferpromenade

Auf dem Asphalt liegt der Strand

Es gab eine Zeit, da lag die Altstadt nicht am Rhein, sondern an einer viel befahrenen Durchgangsstraße. Die Nord-Süd-Achse trennte messerscharf den Fluss von seinen Anwohnern, und wer es endlich über die ampellose Straße zur Rheinmauer geschafft hatte, sah hinunter auf die graue, traurige Werft, die irgendwie eine kuriose Mischung aus Parkplätzen und Gleisanlagen war, die längst keine Funktion mehr hatten.

Es war ein städtebaulicher Geniestreich, die Stadt wieder zurück an den Fluss zu holen. Und wer heute im Sommer über die Kübelpalmen, Sonnenschirme und sogar gelegentlich aufgeschütteten Sandstrände in diesen großen Biergarten sieht, könnte meinen, dass Düsseldorf nicht nur am Rhein, sondern eigentlich auch am Meer liegt.

Die Rheinuferpromenade zwischen Oberkasseler Brücke und Rheinkniebrücke entstand nach den Entwürfen der Architekten Fritschi, Stahl und Baum auf dem Rheinufertunnel, in den die Durchgangsstraße verlegt wurde. Es gibt vermutlich keinen anderen Ort in Düsseldorf, an dem täglich so viele Menschen promenieren, Rad fahren, auf den Bänken die Zeit und den Fluss an sich vorüberziehen lassen oder Boule spielen.

Unterhalb der Rheinuferpromenade mit ihrer denkmalgeschützten Hochwassermauer liegen die sogenannten Kasematten, die in ihrer ursprünglichen Anlage noch aus der Zeit stammen, als sich die Stadt gegen Angreifer schützen musste. Es war immer vergeblich. Denn die Rheinwiesen gegenüber, auf der Oberkasseler Seite, waren ideal, um die Stadt zu beschießen, bis sie sturmreif war.

Nach dem letzten großen Angriff durch französische Truppen am 6. Oktober 1794, bei dem das Schloss auf dem heutigen Burgplatz in Brand geschossen und danach nie wieder aufgebaut wurde, verloren die Kasematten als Teil der »Festung Düsseldorf« ihre Bedeutung. Heute sind sie Düsseldorfs größter Biergarten, und im Winter, wenn hier nichts los ist, jagen die Skater und Biker von einer Brücke zur anderen.

Adresse Schlossufer, Rathausufer, Mannesmannufer | **ÖPNV** U70, U74, U75, U76, U77, U78, U79, Haltestelle Heinrich-Heine-Allee | **Öffnungszeiten** Ganzjährig | **Tipp** Unter der Rheinkniebrücke befindet sich seit 1997 Roncalli's Apollo Varieté, eine zumindest kleine Reminiszenz an das große Apollo-Theater, das von 1899–1959 existierte.

83 Die Rheinwiesen

Denn alles Glück will Öffentlichkeit

Noch vor einigen Jahren waren die Rheinwiesen ganz klassisch besetzt: vormittags mehr oder weniger einsame Spaziergänger, die mit ihren Hunden sprachen, nachmittags Schulkinder, die sich immer über Regeln und überhaupt stritten, abends und an den Wochenenden knallharte Thekenmannschaften, lustig und mit Bauchansatz, deren locker bunte Liberos vor dem ultimativen Adduktorenabriss noch einmal über den Rasen und in die eigene sportliche Vergangenheit grätschten.

Zeitweilig ging es hier samstags sogar ganz prominent zu, als die Schlagerpunker der Toten Hosen inkognito aufliefen, um gegen ihre Roadies und ein paar ausgesuchte Fans zu spielen. Aber das ist lange her.

Die klassische Grundsubstanz ist bis heute geblieben, und seit einigen Jahren, besonders an den schönen, lauen Sommerabenden, werden hier ausgefeilte Picknicke veranstaltet mit allem Drum und Dran wie auf britischen Galopprennbahnen. Es gibt phantastische Salate, opulente Kuchen, panierte Schnitzel, italienische Antipasti und eisgekühltes Flaschenbier. Türkisch inspiriert dampfen die mobilen Grillschüsseln in den Sommerhimmel wie bei der Belagerung von Konstantinopel. Zumindest nehmen die Türken für sich in Anspruch, die Welt an den kommunikativen Grill gebracht zu haben.

Familien, Cliquen und Freundeskreise bilden bunte Flecken, die von den Rheinterrassen bis zur Theodor-Heuss-Brücke auf dem Rasen liegen. Die offenen Claims sind mit Fahrrädern, Musik und manchmal auch mit Lampions und Fackeln abgesteckt, deren stark parfümiertes Öl genauso gut gegen Mücken sein soll wie die vielen Brandbeschleuniger, die hier zum Einsatz kommen.

Auf der Rheinmauer geht es etwas eleganter und vor allem vertikal zu: Hier sitzen und stehen die jungen auf sich selbst konzentrierten Paare, die noch eine gute und aufrechte Figur vor dem großen Showdown des Lebens machen möchten, bei Wein und manchmal auch ganz düsseldorferisch bei Champagner, der in metallenen Kübeln stilecht und selbstverständlich liegt.

Adresse Robert-Lehr-Ufer, zwischen Rheinterrassen und Theodor-Heuss-Brücke | **ÖPNV** U78, U79, Haltestellen Kennedydamm, Golzheimer Platz | **Öffnungszeiten** Ganzjährig | **Tipp** Am anderen Ufer, auf der Oberkasseler Seite, findet man die Rheinwiesen in einer wilderen und romantischeren Variante, mit versandeten Buchten und knorrigen Pappeln.

84___Vor der Rochuskirche

Der Vampir von Düsseldorf

»Wenn du mir fest versprichst, dass du mich nicht verraten wirst, will ich dir mal etwas sagen.« So begann das Geständnis Peter Kürtens, der gesuchte Düsseldorfer Massenmörder zu sein, das er seiner Frau Auguste während eines emotional brisanten Spaziergangs auf den Oberkasseler Rheinwiesen am 23. Mai 1930 machte. Kürten war damals 47 Jahre alt und wurde seit einem Jahr gesucht. Als Phantom geisterte er nachts durch die Ängste und Alpträume der Düsseldorfer, durch die Straßen am Stadtrand im sogenannten »Mordgebiet«, in den Parkanlagen, am Rheinufer und auf den Kirmesplätzen, und wenn »Er«, der absolut Unbekannte, wieder zugeschlagen hatte, »fiebert Düsseldorf! Das Rheinland zittert in Spannung! Ganz Deutschland stürzt in diesen Tagen von einer Sensation in die andere!«.

Von Februar 1929 bis zu seiner Verhaftung im Mai 1930 hatte Kürten acht Morde und mindestens elf Mordversuche verübt. Der als »Vampir von Düsseldorf« später durch die Presse gereichte Kürten (einem Schwan und einem Mordopfer hatte er Blut aus den Wunden gesaugt, »in vieler Hinsicht mein schönstes Verbrechen«) bedauerte während der ersten Vernehmungen, dass ihm der erhoffte »Knalleffekt«, den er sich »mit Rücksicht auf das Publikum« vorgestellt hatte, nämlich zwei Menschen pro Tag umzubringen, leider nicht vergönnt gewesen sei.

Auguste Kürten ging, bevor sie in die Nervenheilanstalt in Grafenberg eingeliefert wurde, zur Polizei und traf noch ein letztes Mal ihren Mann, mit dem sie für den nächsten Tag vor der Rochuskirche verabredet war.

Auf dem Platz des heiligen Rochus, der auch Schutzpatron der Gefangenen und Totengräber ist, vor dem Portal, das sich im noch erhaltenen Glockenturm der im Zweiten Weltkrieg zerbombten Kirche befand, unter dem heutigen kreuzlosen Bronzechristus von Bert Gerresheim, wurde Kürten von Kriminalbeamten überwältigt, die er wenig später mit der damals nicht strafmildernd wirkenden Aussage verblüffte: »Ich habe aus Idealismus gehandelt, ich bin ein Märtyrer.« Ein Jahr später, im Juli 1931, wurde Kürten im Kölner Klingelpütz enthauptet.

Adresse Bagelstraße/Prinz-Georg-Straße (Eingang) | **ÖPNV** Straßenbahn 704, Halte-
stelle Rochusmarkt; Bus 721, 722, Haltestelle Adlerstraße 53 | **Öffnungszeiten** Täglich
8–18, Sa 8–17 Uhr | **Tipp** Kürten hatte sich eine Mansarde in der Adlerstraße gemietet,
einer Verlängerung der Rochusstraße.

85___Der Salon des Amateurs

Kunst kommt von Kneipe

Vermutlich waren alle Stars der nahen Kunstakademie irgendwann hier, gelegentlich drehen sich die Köpfe, wenn die eigene erhoffte und bunt ausgemalte Zukunft in Gestalt von Gursky oder Lüpertz am Tresen Platz nimmt oder berühmte Professoren nach erfolgreichen Ausstellungen und gewonnenen Schlachten ihre Klassen umarmen und von dem phantastisch schrillen Leben in der Welt der Kunst da draußen erzählen. Peter Doig, der angeblich teuerste lebende Maler der Welt, machte im »Salon« den DJ, und die Fotokünstlerin Katharina Sieverding porträtierte ihren Sohn, der hinter den Turntables das Gleiche tat. Mächtige Galeristen und Talentsucher zeigen sich hier lässig beim Schaulaufen während des jährlich stattfindenden Rundgangs im Februar, und auch die hyänenhaften Art ConsulterInnen schleichen manchmal zwischen den Tischen herum und hoffen auf Beachtung, wenn sie ihre Visitenkarten verteilen.

Aber eigentlich ist der »Salon« die Kneipe und Bar der Kunststudenten, abgeschabt und durchgesessen und von jener beiläufigen Coolness, die eine House-Beschallung ganz zwangsläufig mit sich bringt. Dennoch zeichnet er in diesen eher ruhigen Tagen die wilde, exaltierte und exzessive Traditionslinie der Düsseldorfer Künstlerkneipen fort, die im Dunstkreis der Akademie aufblühten und später, nach ihrem Ableben, die Nostalgien vieler heroischer Leben beseelten.

Der »Salon« ist zumindest vorläufig die letzte Künstlerkneipe in einer langen Reihe großartiger Erinnerungen: »Domino«, »Ratinger Hof«, »Creamcheese« und in seinen frühen Tagen auch das alte punkige »Op de Eck«, bevor es vom Hafen in die Kunstsammlung gegenüber wechselte und dort einfach einschlief.

Die Terrasse des »Salons« ist im Sommer bis über die Treppen der Kunsthalle voll besetzt, und nach Vernissagen und Kunstevents ist er einer der zuverlässigen Anlaufpunkte, an denen man alle diejenigen treffen kann, die man sonst verpasst hätte.

Adresse Grabbeplatz 4 | **ÖPNV** U70, U74, U75, U76, U77, U78, U79, Haltestelle Heinrich-Heine-Allee | **Öffnungszeiten** Di–Do und So 12–1, Fr und Sa 12–3 Uhr | **Tipp** Vom Salon aus schaut man auf die Rückenansichten der vier Karyatiden, Steinfiguren des Bildhauers Leo Müsch, die einst das imposante Portal trugen und die der letzte Rest der alten Düsseldorfer Kunsthalle sind, die vor ihrer Zerstörung an der Heinrich-Heine-Allee/Ecke Grabbeplatz stand.

86 Das Schloss in Benrath

Leben nach dem Lustprinzip

Als es sich die Bevölkerung in den guten alten Zeiten noch erlauben konnte, eine Gesellschaftsschicht zu unterhalten, die wohlfrisiert und parfümiert in den Tag hineinlebte, diente dieses Schloss ganz der Jagd und der Lust. Erbaut wurde es zwischen 1756 und 1770 von Nicolas de Pigage, der für Kurfürst Carl Theodor von der Pfalz auch in Mannheim und Schwetzingen Residenzen entwarf. Das französisch inspirierte »Maison de Plaisance« und die Schlossgärten gelten als das bedeutendste architektonische Ensemble in Düsseldorf.

In den Räumen des Rokoko-Schlosses sind heute drei Museen untergebracht, die sich der architektonischen Dreiteilung des Schlosses harmonisch eingliedern. Der Mittelbau, das sogenannte »Corps de Logis«, kann nur bei Führungen besichtigt werden, die täglich und regelmäßig stattfinden und das höfische Leben vergegenwärtigen.

Im Ostflügel ist seit April 2002 das »Museum für Europäische Gartenkunst« untergebracht. Die Exponate – Plastiken, Gemälde, Grafiken, Porzellane und Bücher – beschäftigen sich ausschließlich mit dem seit der Antike kulturell bedeutsamen Thema »Garten«. Der Westflügel beherbergt bereits seit 1929 das »Museum für Naturkunde«, das hauptsächlich der Naturgeschichte, Flora und Fauna der niederrheinischen Bucht gewidmet ist. Im Zuge umfangreicher Restaurierungen wurden auch spezielle Sektionen zum Thema Natur- und Umweltschutz eingerichtet.

Der Schlosspark mit wunderbaren alten Buchenbeständen, die wie Säulen einer Baumkathedrale in den Himmel wachsen, ist 63 Hektar groß und erinnert noch heute in seiner Struktur augenfällig an seine ehemalige Bestimmung als Jagdpark. Das Gelände wird strahlenförmig von Jagdachsen durchzogen, auf denen der höfischen Gesellschaft das Wild zugetrieben wurde. In der Hauptachse des Schlosses befinden sich die ehemaligen Privatgärten. Der für die Kurfürstin französisch angelegte Garten vor dem Ostflügel mit seinen flach zueinander abgestuften Wasserbecken ist erhalten geblieben und wurde 1990 restauriert.

Adresse Benrather Schlossallee 100–106 | **ÖPNV** S6, Haltestelle Bahnhof Benrath; Straßenbahn 701, Haltestelle Schloss Benrath | **Öffnungszeiten** Park ganzjährig, Schlossmuseen 1. Nov.–15. Apr. Di–So 11–17, 16. Apr.–31. Okt. Di–So 10–18 Uhr | **Tipp** Nur wer im Wohlstand lebt, lebt angenehm: Das Benrather Schlossufer zählt zu den bevorzugten und selbstredend teuersten Wohngegenden in Düsseldorf.

87 Das Schloss Mickeln

Die schöne Villa

Es ist einer der mediterranen Momente, die man am Niederrhein haben kann. Gleichgültig ob man das Schloss über die breite gepflasterte Allee erblickt, an deren Ende es steht, oder vom Park aus, zwischen Bäumen und hinter einer wild bewachsenen Wiese – irritiert und auch begeistert sieht man in den Süden. Denn dieses Schloss ist eigentlich kein Schloss, sondern eine italienisch inspirierte Villa. Der Hofarchitekt Josef Anton Niehaus baute es zwischen 1839 und 1842 für seinen Auftraggeber, den Herzog Prosper Ludwig von Arenberg, der dieses architektonische Glanzstück eigenartigerweise nie besuchte. Arenberg war 1831 einer der Kandidaten für den belgischen Thron; er starb 1861.

Beeinflusst von den italienischen Renaissance-Architekten Andrea Palladio und Galeazzo Alessi entwarf Niehaus eine großzügige Villa im Stil der Neurenaissance auf quadratischem Grundriss, ein kühner und ungewöhnlicher, preußisch-puristischer Entwurf, der außerordentlich elegant gegen die damals beliebte Mode historisierender Schlösser gesetzt war, die das Mittelalter in Rheinnähe intensiv verinnerlichten und sich mit Türmen und Zinnen zu anekdotenreichen Architekturlandschaften ausgewachsen hatten.

Die in allen Maßwerken ideal proportionierte Villa wird als einzigartiger Bau im Rheinland mit den besten Werken der damaligen Star-Architekten Gottfried Semper, Leo von Klenze und Karl Friedrich Schinkel verglichen, obwohl Niehaus selbst deren Bedeutung in seinem Gesamtwerk nicht erreichte.

Schloss Mickeln steht im heute etwas unübersichtlichen Landschaftsgarten, den der in den Düsseldorfer Parklandschaften allgegenwärtige Maximilian Friedrich Weyhe nach englischem Vorbild entworfen hatte. Man sieht die Villa im Glanz ihrer südlichen Schönheit, aber weniger den Park, der einen leicht verschossenen und verwachsenen Eindruck macht.

Das Schloss wird heute von der Heinrich-Heine-Universität als Tagungs- und Gästehaus genutzt.

Adresse Alt Himmelgeist 25 | **ÖPNV** Bus 835, Haltestelle Alt Himmelgeist | **Öffnungszeiten** Park ganzjährig (das Haus ist nicht zu besichtigen) | **Tipp** Die romanische Kleinbasilika St. Nikolaus stammt in ihrer ältesten Bauphase aus dem 12. Jahrhundert, wurde aber im 19. Jahrhundert renoviert und neuromanisch ausgestattet.

88 ___ Die Schlosstreppe

Direkt am Rhein

Es war eine grandiose und vielleicht auch ganz naheliegende Idee, den Burgplatz nach seiner Umgestaltung mit einer großen Freitreppe zum Rhein hin zu öffnen – etwas kleiner, aber doch ungefähr so, wie es Kurfürst Johann Wilhelm von der Pfalz für den Neubau seines Schlosses an dieser Stelle geplant hatte. Der Kurfürst lebte gelegentlich in den Wolken, und so wurde sein Schloss, das sich an dem seines Onkels, dem französischen Sonnenkönig Ludwig XIV. in Versailles, orientiert und praktisch das ganze alte Düsseldorf als Bauplatz beansprucht hätte, nie realisiert. Ebenso wenig wurde sein skurriler Traum wahr, Kaiser von Armenien zu werden. Immerhin war er real mit einer Medici verheiratet, und der Fürst wünschte sich vielleicht auch deshalb ein richtiges Reich, wie es viele seiner Schwestern hatten, die tatsächlich mit Kaisern und Königen vermählt waren.

Die neue Treppe ist eigentlich eine Tribüne, denn auf ihr wird mehr gesessen als gegangen, und man braucht eine gewisse Geschicklichkeit und eine zuverlässige Motorik, um sie durch die Menschen herunterzusteigen, die hier sitzen, schlafen, leben und ihre Habseligkeiten und Bierflaschen auf den Stufen ausgebreitet haben.

Sie ist ein Treffpunkt mitten in der Altstadt und am Rhein geworden, mit Blick auf den Strom und auf die gegenüberliegende Schokoladenseite von Oberkassel. Die Treppe am Burgturm wird besonders denen gut gefallen, die nicht nur romantische Rheingefühle entwickeln möchten, sondern auch den Blick in die gnadenlose Realität wünschen, den Betrunkene, Junkies, Drogenhändler, Kampfhundbesitzer und Gesichtstätowierte nun mal mit sich bringen.

Deshalb wird die Treppe von Spaziergängern aus dem bürgerlichen Lager eher neugierig und mit einer gewissen kopfschüttelnden Distanz betrachtet, aber auch gern fotografisch als Mahnung und Erinnerung festgehalten.

In die Pflastersteine am oberen Rand der Treppe sind die Namen der frühen Düsseldorfer Aids-Toten eingemeißelt. Die bunte Bemalung an ihren Seiten stammt von dem Düsseldorfer Künstler Hermann-Josef Kuhna und seinen Studenten.

Adresse Schlossufer, am Burgplatz | **ÖPNV** U70, U74, U75, U76, U77, U78, U79, Haltestelle Heinrich-Heine-Allee | **Öffnungszeiten** Ganzjährig | **Tipp** Am Burgplatz und am Rathausufer (Pegeluhr) legen die Ausflugsschiffe der großen Rheinschifffahrtsgesellschaften an, die Einheimische wie Touristen nach Zons oder Kaiserswerth bringen, gedanklich aber eigentlich (immer) weit darüber hinaus bis ans Meer.

89 Der Schlossturm

Der große Schlaf

Es ist natürlich ein Jammer, dass vom Düsseldorfer Schloss nichts blieb als ein einzelner Turm. Immerhin war es die rheinische Residenz der Kurfürsten von Pfalz-Neuburg, und wenn es nach den Tagträumen des populären Jan Wellem gegangen wäre, gäbe es heute auf dem Burgplatz ein zweites Versailles, eine Schlossanlage, die sich vom Rheinufer bis zum Jägerhof, am Ende des östlichen Hofgartens in Pempelfort, ausdehnen würde.

Aber in seiner langen Geschichte, die mit dem ersten Schloss der Grafen von Berg im 14. Jahrhundert begann, wurde es immer wieder zerstört: durch Feuer und feindlichen Beschuss und einmal sogar durch die Explosion des nahen gut gefüllten Pulverturms, in den ein Blitz eingeschlagen war. 1872 brannte es zum letzten Mal, diesmal bis auf die Grundmauern. Noch viele Jahre stand die ausgebrannte Ruine fensterlos und feucht, schwarz verkohlt und mit dunklen Geschichten bedacht mitten in der Altstadt.

Nur der Schlossturm war bei dem Brand mehr oder weniger unversehrt geblieben, ein Umstand, den man eventuell, so wurde vermutet, Jacobe von Baden zu verdanken hatte, der Ehefrau des wahnsinnigen Herzogs Johann Wilhelm I., die im Turm ermordet worden war. Als »Weiße Frau« erschien sie nachts und lange nach ihrem Tod den Düsseldorfern an den Fenstern des Turms, hell durchweht, und sorgte in Geschichten dafür, dass die Düsseldorfer Kinder zeitig ins Bett gingen.

Der preußische König Friedrich Wilhelm IV. soll sich persönlich der Verschönerung des angeschlagenen Turms angenommen und 1845 den Aufbau der Doppelarkaden im vierten Stockwerk entworfen haben.

Im Schlossturm befindet sich heute das Schifffahrtmuseum. Auf fünf Ebenen zeigt es, auch als digitales und interaktives Museum, die Geschichte der Düsseldorfer Rheinschifffahrt und deren vielschichtige Bedeutung für die Stadt sowie die merkantilen Interessen ihrer Bewohner. Im obersten Stockwerk ist ein Café untergebracht, das einen weiten Blick über den Rhein und die Dächer der Altstadt ermöglicht.

Adresse Burgplatz 30 | **ÖPNV** U70, U74, U75, U76, U77, U78, U79, Haltestelle Heinrich-Heine-Allee | **Öffnungszeiten** Di–So 11–18 Uhr | **Tipp** Gegenüber, am Burgplatz 1, im ehemaligen Gebäude der alten Kunstgewerbeschule, befindet sich die neue Akademie-Galerie, die ausschließlich den Akademie-Professoren und ihrer lokalen Nabelschau vorbehalten ist.

90___Die Schöne Aussicht

Die Stadt im Weichzeichner

Da unten liegt sie also, die schöne Stadt! Der Dunst der Tage zeichnet sie weich und eigenartig distanziert, ergraut und manchmal etwas blassrot, wenn die Sonne auf die Dächer scheint. Es ist, als ob sie leicht atme, ruhelos und gelegentlich, wenn das Hupen der Autos in der Ferne zu hören ist, etwas aufgebracht und immer ungeduldig.

Von diesem Aussichtspunkt hat man die Stadt nach Westen im Blick, und an sehr klaren Tagen scheint er ins Unendliche bis weit hinter den Horizont zu gehen. Dann versucht man, ihre Straßen und markanten Stellen in die richtigen Verhältnisse zu bringen, wie man sie kennt, wenn man unten durch sie hindurchgeht. Man muss sich von hier aus an ihren merkantilen und repräsentativen Bauten orientieren, die sich klar abzeichnen, an den Kirchen und Türmen, die gegen die neuen Wahrzeichen aussehen, als seien sie irgendwann nicht mehr gewachsen.

Überhaupt ist man überrascht, dass vieles von hier oben ganz anders aussieht, entrückt, an anderer Stelle und manchmal unvermutet nah, als könnte man die Distanzen mit einer Armbewegung überwinden. Die Stadt scheint verkürzt und enger als gewohnt, aber auch großflächiger und weiter in ihren übergangslosen Grauzonen, die sich irgendwo verlieren.

Wenn die Wolken tief hängen oder die Sommergewitter über sie hinweg nach Osten ziehen, hat sie einen dramatischen Ausdruck, der noch verstärkt wird durch die vielen und manchmal nervösen Lichter und plötzlichen Dunkelheiten, die sich im Glas ihrer Hochhäuser und Neubauten spiegeln.

Man sieht nicht alles. Die Bäume und Büsche stehen in der Sicht, die man sich wünscht, um sie ganz zu erfassen, und so denkt man sich von hier oben die Stadt, wie sie einem am besten gefallen würde.

Leider liegt selten Schnee. Denn weiß und eingepudert hat sie jenen monochromen Charme, der ganz niederrheinisch sein kann, wie ein viel zu groß geratenes Bild von Pieter Brueghel.

Adresse Grafenberger Wald, Eingang Ernst-Poensgen-Allee | **ÖPNV** Bus 730, Haltestelle Sportmeile Grafenberg | **Öffnungszeiten** Ganzjährig | **Tipp** Jede Menge Wald! Teils schöne alte Buchenbestände, unter denen zahlreiche Wanderwege zu den nächsten Parkplätzen oder in die lichten Höhen des Bergischen Landes führen.

91 Der Schwanenmarkt
Mit Heinrich Heine

Der Name ist einfach zu schön, und niemand kann ihn mehr erklären. Schwäne gibt es nämlich keine, nur ein paar Tauben und manchmal Hunde, die an milden Rentnern ziehen. Ein Marktplatz war er nur für kurze Zeit, denn seine Lage am Rand der damaligen Stadt war für Kaufleute und ihre Kunden zu unattraktiv, und die marktschreierische Konkurrenz vom nicht sehr weit entfernten Carlsplatz tat alles, um ihn zu verhindern.

Der Platz selbst, der einst die Carlstadt nach Süden abschloss, spricht auch heute eher den Möglichkeits- als den Realitätssinn an. Denn wie so vieles in dieser Stadt könnte er architektonisch beeindruckend sein mit seiner großen Öffnung zum Kaiserteich und den klassizistischen Häusern an der Westseite, die noch erhalten sind. In seinen besten Zeiten im 19. Jahrhundert lebte hier in Nachbarschaft zu anderen Unternehmern der Mulvany-Clan, der aus Irland eingewandert war und Düsseldorf zu einem industriellen Zentrum am Rhein ausbaute.

Aber das kleinliche und unsensible Denken, das lokalpolitisch um jede Parkbox besorgt ist und jeden Glascontainer als Lebenserleichterung empfindet, behindert diesen Platz und hat ihn kurios verstellt. Eine Art Spielkäfig mit Büschen und Bäumen verhindert den schönen und offenen Blick, den er sonst bis zum Ständehaus (Kunstsammlung K21) in die Friedrichstadt hinein freigäbe. Man muss sich den Platz also in seiner großzügigen, eleganten Gesamtanlage denken oder um ihn herumgehen, um ihn zu erahnen.

Heinrich Heines Totenmaske, überdimensioniert und geviertelt, vom Düsseldorfer Bildhauer Bert Gerresheim entworfen und in Bronze gegossen, das umstrittene und viel zu spät, erst 1981 zu Heines 125. Todestag gekommene Heine-Denkmal, steht auf dem abschließenden Rasenstück zur Haroldstraße. Die Totenmaske präsentiert sich wie eine Art Vexierskulptur, die man sich von verschiedenen Standpunkten aus selbst zusammensetzen muss. Manchmal, und Heine hätte das vielleicht gefreut, hängen sich Kinder hinein und wackeln mit den Beinen.

Adresse Schwanenmarkt | **ÖPNV** Straßenbahn 704, 709, 719, Haltestelle Poststraße; Straßenbahn 703, 706, 712, 713, Haltestelle Graf-Adolf-Platz, SB 85, Haltestelle Graf-Adolf-Platz | **Öffnungszeiten** Ganzjährig | **Tipp** Wenn er nicht gerade unter akuter Atemnot leidet und seine Algen nicht in den Himmel wachsen, ist der Kaiser-teich auf der anderen Seite der Haroldstraße ein schönes und angenehmes Gewässer.

92 Die »Schwarzwald-Christel«

Pink Monday auf der Kirmes

In den alten, spießig vernagelten Zeiten, als es noch gefährlich sein konnte, sich selbst vor anderen zuzugeben, sollen sich bei der »Schwarzwald-Christel«, vielleicht aus Neigung, vielleicht aus Vorsicht, schon Schwule und Lesben getroffen haben. Denn das biedere Haxen-Ambiente mit Schwarzwälder Kirsch, Schunkelmusik und feschen Dirndl-Gedanken eröffnete alle Möglichkeiten, sich ausgelassen zu bekennen oder auch ausgelassen zu verbergen. Wie in keiner anderen Location auf der Oberkasseler Kirmes knallen aus der »Schwarzwald-Christel« noch immer die legendären Schwulenschlagerhymnen über die voll gestellte Radschlägerallee, der schweißtreibenden Hauptstraße, als sei die Zeit für immer stehen geblieben und als sei Marianne Rosenberg – die unüberhörbare Stimme der alten Pioniertage – noch immer siebzehn. Die Evergreens der deutschen Schlagerparaden lassen natürlich den etwas enttäuschenden Verdacht aufkommen, dass die Jungs in Leder und Jeans, die süßen Glatzen und verspäteten SM-Cowboys, eigentlich ganz biedere Kerle sind, die den Kuchen immer mit Sahne möchten.

Beim Pink Monday, dessen Einzugsgebiet ganz NRW erfasst, ist die »Schwarzwald-Christel« dennoch das feierwütige Epizentrum eines nachhaltigen Bebens, das die ganze Kirmes mit ihren Festzelten, Bierständen und Imbisshütten erschüttert. Ein Klassiker mit Kultstatus, vor dem sich Tunten, Heten, Transen und voluminöse Drag Queens bis spätnachts in den Armen liegen, auch wenn es in anderen Zelten heute intensiver und technolastiger zugeht.

Die »Christel« ist noch immer der Kontakthof, in dem gecheckt wird, was mit wem gehen könnte. Schwul sein ist nicht nur eine Neigung, sondern auch eine Lebenseinstellung, die unter den allseits gehissten Regenbogenflaggen das schiere und grenzenlose und natürlich unkonventionelle Vergnügen sucht. Also wird die ganze Kirmes am Pink Monday gerockt, mit veritablen Butterfahrtensängern, Strandkönigen, aber auch mit beeindruckenden Dinosauriern der früh bekennenden Szene wie der umjubelten und von einer Zugabe in die andere getriebene Zeltinger Band.

Adresse Oberkasseler Rheinwiesen, zwischen Oberkasseler Brücke und Rheinkniebrücke | **ÖPNV** U70, U74, U75, U76, U77, Haltestelle Luegplatz; Bus 835, 836, Haltestelle Jugendherberge | **Öffnungszeiten** Jährlich in der 3. Juliwoche | **Tipp** Der ganz normale Wiesenirrsinn wird in allen Festzelten gnadenlos ausgelebt. Das »Füchschen-Zelt« rangiert unter Kirmesgenießern allerdings direkt hinter der »Christel« auf Platz 2.

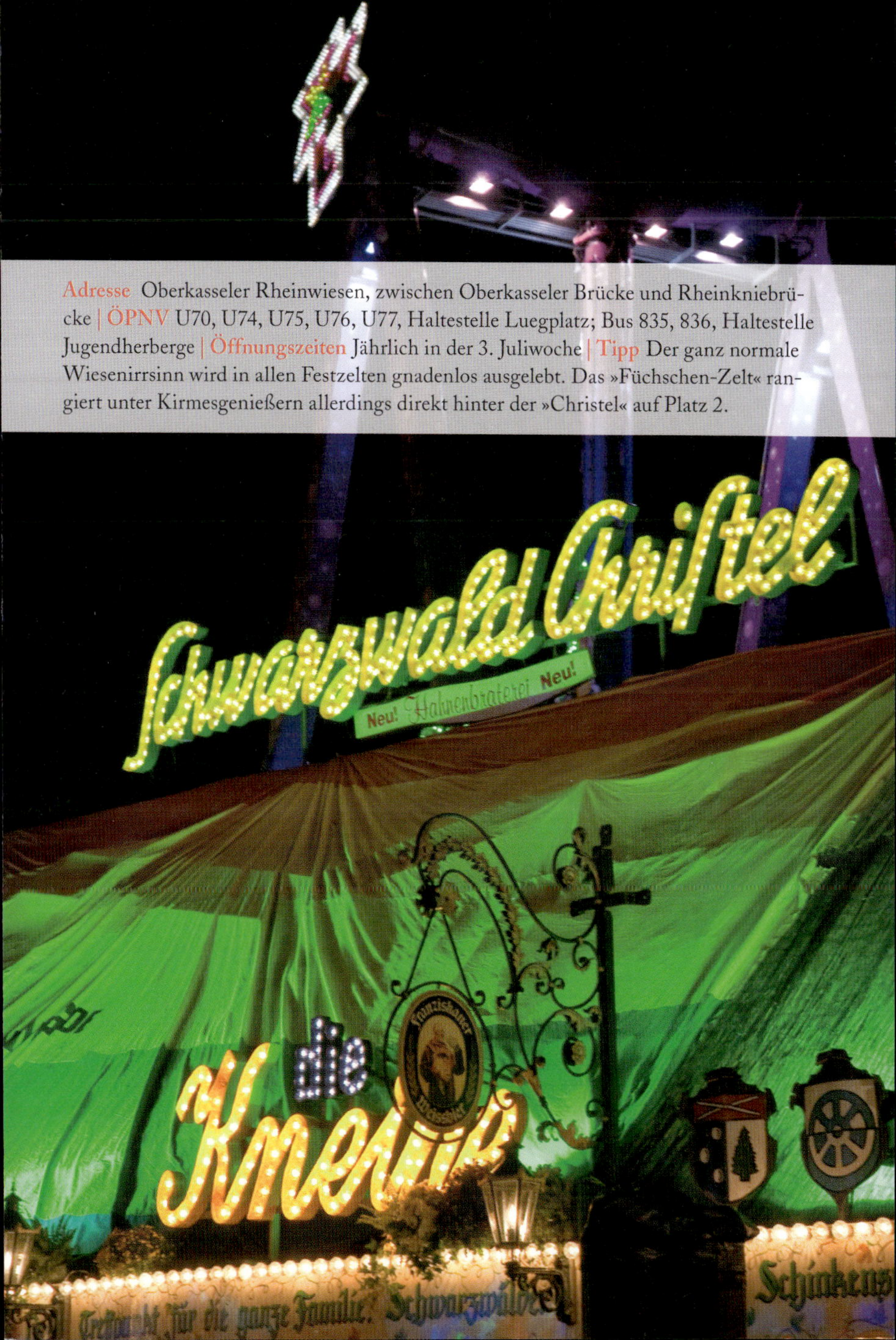

93 — Die Seufzer-Allee im Hofgarten

Der Lohn des Wartens

Der Düsseldorfer Hofgarten war die erste öffentliche Promenade in Deutschland und damit der erste Park, der für die Allgemeinheit zugänglich war. Am Ende des 18. Jahrhunderts schrieb ein Reisender: »Dieser Garten verdient unter allen öffentlichen Spaziergängen, welche wir auf unserer Reise getroffen, den Vorzug, sowohl wegen seiner eigentümlichen Schönheit als wegen der Menge von einheimischen und fremden Besuchern.«

Das hat sich auch nach 200 Jahren kaum verändert. Entstanden war der Hofgarten 1769 nach Plänen des lothringischen Architekten Nicolas de Pigage (1723–1796). Anfang des 19. Jahrhunderts wurde der Park von Maximilian Friedrich Weyhe erweitert und umgestaltet. Den ursprünglich klassisch-französisch angelegten Park mit drei Alleen, die von Schloss Jägerhof ausgingen, betrat man durch ein Tor gegenüber dem Schloss oder durch die noch sichtbare Toreinfahrt zwischen den beiden Flügeln des Hofgärtnerhauses, dem heutigen Theatermuseum. Die Alleen waren die Jägerhofstraße, die damals noch in den Park integriert war, die große Reiterallee und die Seufzer-Allee, die parallel zur kanalisierten Düssel läuft.

Als es noch keine virtuellen Blind Dates, Chatrooms und Communities gab, blieb den altmodisch analogen Menschen nichts anderes übrig, als sich leibhaftig zu verabreden und zu hoffen, dass das Rendezvous auch zustande kam. Die Seufzer-Allee war dafür ein idealer Ort, romantisch, bürgerlich aufgeräumt mit Blick auf die eleganten Patrizierhäuser gegenüber und etwas melancholisch eingestimmt in ihrer Randlage, abseits der großen Promenaden, auf denen sich das offizielle Düsseldorf Arm in Arm zeigte. Auf der Seufzer-Allee verabredeten sich die Paare, die eigentlich noch keine waren, sich aber der Hoffnung hingaben, hier den Richtigen beziehungsweise die Richtige für den Kampfplatz der Ehe zu finden. Man wartete und seufzte der Zeit hinterher, die wartend schon vergangen war; und wenn in Erfüllung ging, was man sich erhoffte, seufzte man ebenso wie in den Momenten, wenn die Erkenntnis sich verdichtete, dass man besser zu Hause geblieben wäre.

Adresse Hofgarten, parallel zur Düssel und zur Goltsteinstraße | **ÖPNV** Straßenbahn 707, Haltestelle Jacobistraße | **Öffnungszeiten** Ganzjährig | **Tipp** Stimmungsvoll (aber nicht ganz so gefühlsduselig, wie es die historische Seufzer-Allee war) geht es am Musik-pavillon zu, dessen kostenlose Sommer-, Jazz- und Ethno-Konzerte für eine volle Wiese sorgen.

94__Die Siedlung Freie Erde im Eller Forst

Der lange Sommer der Anarchie

Der Eller Forst ist wie viele moderne Naherholungsgebiete auch didaktisch aufgebaut: Man wandert, sofern man Lust dazu hat, staunend über informative Baum- und Pflanzenpfade, und auf bunten, akribisch gemalten Lehrtafeln ist dargestellt, was im Unterholz kriecht und auf den Bäumen brütet. Ebenso bunte Nordic Walker und Jogger kreuzen immer wieder atemlos die Wege, und im Sommer kann man beobachten, wie mit allen Badeutensilien bepackte Radfahrer, vom nahen Strand des Unterbacher Sees angezogen, am erlaubten Tempolimit durch den Forst jagen.

Früher, in den 20er Jahren des letzten Jahrhunderts, als der heute sattgrüne Wald noch verstrupptes Brachland war und einem rheinischen Kiesbaron gehörte (aus dessen renaturierter Kiesgrube der Unterbacher See wurde), schlug hier das wilde, durch keine Konvention gebundene Herz der Düsseldorfer. Anarchistische Arbeiter aus Eller hatten, unterstützt von Künstlern des »Jungen Rheinland« und vom Ensemble des Düsseldorfer Schauspielhauses, ein Stück Land in einer Nacht- und Nebelaktion besetzt und ein festes Haus errichtet. Am Wochenende von mehreren hundert Ausflüglern bestaunt, bewundert und verachtet, hatten die neuen »Wilden« eine provokante Gegenkultur errichtet, in der Gleichheit, Besitzlosigkeit und gelegentlich auch freie Liebe (ein besonders aktiver Kommunarde soll sieben Frauen und ungezählte Kinder gehabt haben) wie hell leuchtende Fixsterne über dem Areal der Glückseligen hingen.

Im Geist Gustav Landauers (1870–1919) war das Leben der Aussteiger neu geordnet worden. Landauer war einer der führenden deutschen Anarchisten und für zwei Jahre Dramaturg am Düsseldorfer Schauspielhaus, ehe er als Beauftragter für Volksaufklärung an der revolutionären Münchner Räterepublik 1919 teilnahm. Sein kurzes, letztendlich nur drei Tage währendes Engagement reichte aus, um von konterrevolutionären Freikorpssoldaten in der Haft erschlagen zu werden. Die wilde »Siedlung Freie Erde« existierte noch bis in die 50er Jahre hinein. Das Haus in der Nähe des Westufers wurde 1972 abgerissen.

Adresse Eller Forst, Nähe Unterbacher See | **ÖPNV** Bus 735, Haltestelle Seeweg | **Öffnungszeiten** Ganzjährig | **Tipp** Hinter dem Lokal »Waldschänke« erinnert ein Gedenkstein an die abstoßende und unmenschliche Brutalität, mit der eine sogenannte Heeresstreife kurz vor dem Einmarsch der Amerikaner im April 1945 an dieser Stelle zwei Deserteure und die Frau erschossen, die den beiden geholfen hatte.

95 Das »Souterrain« im »Café Muggel«

Schule des Sehens

Früher war es noch viel schöner. Das alte »Souterrain« war eigentlich nur ein Keller mit einem Projektor und extrem schlechter Luft. Die wurde allerdings nie als bedrohlich empfunden, sondern gesucht, denn echte Cineasten hätten unter klimatisierten Verhältnissen vermutlich nicht lange überlebt. Alle Zuschauer rauchten, und der Zigarettenrauch im Licht des Projektors gab den Filmen eine voyeuristische Intimität und eine leicht nervöse, orale Dimension.

Im »Souterrain« wurden Kultfilme gezeigt, als man sich noch nicht darüber im Klaren war, dass es tatsächlich Filme gab, die man so bezeichnen konnte. Während sich oben im Café Schüler und Studenten (in den 70er Jahren, als das »Souterrain« eröffnet wurde) in den Abend hineintranken, liefen im Keller Filme, die eine dunkle und manchmal auch erhellende Gegenwelt entwarfen. Es waren Filme des Wahnsinns und der Leidenschaft, wie man sie in den großen Mainstream-Kinos nicht sehen konnte. Das »Souterrain« war und ist bis heute das Kino der Filmemacher geblieben, ihrer manchmal maskierten Ahnen und cineastischen Grundsubstanzen, die man sich auch aus B-Pictures (die hier manchmal neu entdeckt wurden) herausfiltern musste.

Wenn man hinunterstieg, stieg man irgendwie aus der Gesellschaft da oben aus, man identifizierte sich fraglos mit anderen Existenzen oder vereinsamte in seinem durchgesessenen Sessel, wie Cineasten das für 90 Minuten ganz gerne tun. In diesem Geburtskanal des Sehens entging den Zuschauern keine Geste und kein Wort. Die Helden hießen Buñuel, Godard, Truffaut, Melville, Fassbinder, Kubrick und Wenders, ihre Protagonisten Peter Lorre, Humphrey Bogart, Jack Nicholson, Alain Delon und Woody Allen. Das Reservat war irgendwann bedroht. Es musste sich im Zug einer allgemeinen Gesundheitshysterie von seinen existenzialistischen Kettenrauchern befreien. Heute ist die Luft rein, und das vor einigen Jahren renovierte »Souterrain« sieht nun wie ein richtiges, adrettes Schachtelkino aus, das mit guten Filmen und einem etwas niedlichen Ikea-Touch an sich selbst und seine phantastischen Anfänge erinnert.

Adresse Dominikanerstraße 4 | **ÖPNV** U70, U74, U75, U76, Haltestelle Barbarossaplatz | **Öffnungszeiten** Kino täglich ab 17 Uhr, Café Muggel Mo–Do 8.30–1, Fr 8.30–2, Sa und So 9–2 Uhr | **Tipp** Joseph Beuys, der jahrelang die Stadt und ihre offiziellen Vertreter in Bewegung hielt (ein Aspekt seiner »sozialen Plastik«), wohnte bis zu seinem Tod 1986 am Drakeplatz 4.

96 Das Stadterhebungs-
monument

Düsseldorf Rheinstadt

Am Ende des 13. Jahrhunderts, als das Dorf zur Stadt erhoben wurde, markierte die Düssel, die heute steif und eingemauert unter dem Lieferplatz als Restdüssel plötzlich auftaucht, um nach wenigen Metern ebenso plötzlich wieder unter dem Burgplatz zu verschwinden, ihre südliche Grenze. Im Norden endete sie hinter der Ritterstraße, und ihr erstes Stadttor lag noch vor der Kreuzherrenkirche im Osten, direkt an der Liefergasse – man hätte also vermutlich einen Stein über die Stadt hinwegschleudern können, und noch lange war die Stadt so klein wie das alte Dorf, mit einer Kirche an ihrem höchsten Punkt und einer Dorfstraße, die heute Altestadt heißt.

Man hat sich nie erklären können, warum Graf Adolf V. von Berg ausgerechnet das Dorf an der Düssel zur Stadt erhob und es noch lange in seiner dörflichen Struktur beließ, mit ein paar papiernen Privilegien ausgestattet, die in ihren Anfängen nicht viel bedeuteten, und warum er den Düsseldorfern nicht den Gefallen tat, die neue Stadt in Rheinstadt umzutaufen, was ihrem zumindest zukünftigen Status gerechter geworden wäre. Die Stadt blieb ein Dorf, bis heute in ihrem Namen, was manchmal Spott provoziert und Rechtfertigungen, die man sich am liebsten sparen würde.

Man weiß also nicht, warum sie am 14. August 1288 zur Stadt erhoben wurde, und die einzige vielleicht plausible Erklärung aus lokalpolitischer Sicht ist die, dass die Düsseldorfer sich in der Schlacht von Worringen, zwei Monate zuvor, besonders hervortaten, als es gegen den Erzbischof von Köln ging. Auch Papst Nikolaus IV., der seinem geschlagenen Erzbischof nicht mehr über den Weg traute, gehörte zu den Gratulanten. Das vom Düsseldorfer Bildhauer Bert Gerresheim zur 700-Jahr-Feier 1988 geschaffene Bronzemonument nimmt in seiner symbolträchtigen und teils surrealen Verdichtung Bezug auf die damaligen Ereignisse und auf die Konsequenzen, die sich für das Dorf ergaben, als es zur Stadt erhoben wurde.

Adresse Burgplatz | **ÖPNV** U70, U74, U75, U76, U77, U78, U79, Haltestelle Heinrich-Heine-Allee | **Öffnungszeiten** Ganzjährig | **Tipp** Auf Sichtweite, am Ende der beklemmend eingemauerten Düssel, steht an der Liefergasse das Löwenhaus, das so alt wie die Stadt ist und bereits 1288, im Jahr ihrer Gründung, erwähnt wurde.

97 Die Stindermühle

Alles beim Alten

Es gibt Orte, denen die Zeit nichts anhaben kann. Sie scheinen in sich selbst zu ruhen, unverändert durch die Jahrzehnte, und so, wie sie waren, werden sie auch in Zukunft immer sein. Die Unterschiede von gestern zu heute bestehen nur in Nuancen und unscheinbaren Details, mehr in kleinen Weglassungen als großen Ergänzungen. Das mag daran liegen, dass sie manchmal einfach vergessen werden, weil die Zeiten nicht modisch über sie hinweg-, sondern konsequent an ihnen vorübergehen. Die Stindermühle ist so ein Ort. Wer sie mit alten Postkarten vergleicht, die die Ausflügler und Sommerfrischler in den 20er Jahren hier kaufen konnten, wird feststellen, dass eigentlich alles mehr oder weniger beim Alten ist.

Nur die Boote auf dem Teich sind verschwunden. In der Mitte des Teichs erinnert ein letztes, mit Blumenkübeln dekorativ und etwas unsinnig bepackt, an das damalige Vergnügen, im Kreis zu rudern, denn der Mühlteich, der noch da ist, war immer schon klein. Es gab Waldmeisterbrause und Erdbeerbowle, aber auch wie heute Limonade, Bier und Würstchen mit Kartoffelsalat. Als die Mühle, in der schon lange nicht mehr gemahlen wird, eines der beliebtesten Düsseldorfer Ausflugsziele hinter Grafenberg Richtung Neandertal war, spielten an den Wochenenden Kapellen und virtuose Ein-Mann-Unterhalter auf Schifferklavieren zum Tanz auf. Auf dem verwaisten Tanzboden schieben heute keine Paare mehr Wange an Wange in die laue Sommernacht hinein, und so spart man sich auch die Lampions, die man früher zwischen die alten Linden hängte, um die Sommerabende perfekt zu machen.

Makellose Idyllen haben erfahrungsgemäß ihre tiefschwarzen Abgründe. Und so waren die Sommerfrischler bis zur Hysterie erschüttert, als sie im Mai 1930 nach seiner Verhaftung erfuhren, dass der Serienmörder Peter Kürten, der als nächtlicher Flaneur durch die Wälder streifte, hier mit einem seiner Opfer, der hübschen zwanzigjährigen Maria Hahn, eine Limonade getrunken hatte, bevor er sie ganz in der Nähe, oberhalb von Gut Papendell, ermordete und dort in einer pseudoreligiösen Wahnvorstellung unter einem großen Feldstein bestattete.

Adresse Stindertalweg 53 | **ÖPNV** S-Bahn S28, Haltestelle Erkrath Nord, ca. 1 km Fußweg | **Öffnungszeiten** Café/Restaurant »Stindermühle« nur Sa und So, durchgehend | **Tipp** An schönen Tagen kommt man kaum aus dem Staunen heraus: Wie schön das Stindertal ist und wie unglaublich es sein kann, in Stadtnähe durch ein ideal geschwungenes Tal zu gehen wie in einem Landschaftsbild der Düsseldorfer Malerschule.

98_ Das Stoffeler Kapellchen

In größter Not

Irgendwann war das Stoffeler Kapellchen von seinen Prozessions- und Bittwegen abgeschnitten. Die verkehrsreiche Witzelstraße stellte die Kapelle in ein für Prozessionen fast unerreichbares oder zumindest choreographisches Abseits. Die Wege sind kompliziert und unübersichtlich geworden, sie führen an Kleingärten und Parkplätzen vorbei, zwischen Stoffeler Friedhof und Südpark, durch eine andachtslose Freizeitwelt, und wer von Norden die Kapelle zu Fuß erreichen möchte, muss über den Verkehr hinweggehen, über eine prosaische Fußgängerbrücke, die fast so hoch wie die Kapelle ist.

Seit 300 Jahren werden in dieser von Kurfürst Carl Philipp gestifteten Kapelle zwei Partikel vom Heiligen Kreuz verehrt und die 14 Nothelfer angerufen, wenn alle anderen Hilfsmaßnahmen der rationalen Welt versagt haben.

Über dem Portal ist das Wappen des Fürsten in Stein geschlagen, das ihn als einen der Bauherren und weltlichen Schutzpatron ausweist.

Die Verehrung der 14 Nothelfer machte das Stoffeler Feld zum Wallfahrtsort und hatte vermutlich im 15. Jahrhundert seinen Ursprung, als die Gläubigen mit zunehmender Ungeduld alle Kräfte des Himmels mobilisieren wollten, statt auf die Gnade eines einzigen zu hoffen.

Die Kapelle war 1734 errichtet worden, an einer Stelle, an der schon früher gebetet und gefleht wurde, vermutlich zum heiligen Christopherus, der einer der 14 ist und der verhindern sollte, dass der unberechenbare und weit mäandernde Rhein über die Ufer trat und die Stoffeler Höfe, die für den Unterhalt der kleinen Kirche aufkamen, unter Wasser setzte.

Sehr spät, im 18. Jahrhundert, wurde ein fast vergessener Apostel, Judas Thaddäus (nicht zu verwechseln mit Judas, dem Verräter), von den Gläubigen in Stoffeln wiederentdeckt. Er gilt als Schutzheiliger in besonders komplizierten und aussichtslosen Fällen, und seine bis heute ungebrochene Popularität und Verehrung mag mit der nahen Universitätsklinik zusammenhängen und den Ängsten, die sie selbst nicht nehmen kann.

DANKE

Adresse Christophstraße | **ÖPNV** Straßenbahn 701, 707, 711, 713, 716, Haltestelle Christophstraße; Bus 723, 780, 782, 785, 827, Haltestelle Unikliniken | **Öffnungszeiten** Täglich 9–19, freitags Hl. Messe 8.30 Uhr | **Tipp** Ob Friedhöfe grundsätzlich die Lust am Leben steigern, sei dahingestellt. Der Stoffeler Friedhof jedenfalls ist in pralles Leben eingebettet. In Schrebergärten und Parkanlagen denkt niemand an den letzten Weg!

DANKE
9.11.00

KE

88

DANKE
H.L. JOSEF
H.L. J. THADDÄUS
M.B. 91

DANK DER
MUTTERGOTTE
U. DEM HL. JUDA

KE

99 Der Stresemannplatz

Wo der Süden beginnt

Plötzlich ist man im Süden. Für gewöhnlich sind die Düsseldorfer Straßen mit Kastanien, Linden oder Platanen bepflanzt, aber hier stehen richtige Palmen, nicht sehr hoch, eher nordisch kleinwüchsig, aber doch echte Palmen, die genau wie in Kairo oder Beirut von den vielen Autoabgasen schon ganz graugrün geworden sind. Fünf Straßen, die sich kreuzen, bilden diesen Platz, der im eigentlichen Sinn keiner ist. Man kann sich auf ihm nicht aufhalten, er hat keine Fläche, man kann nur um ihn herumgehen. Er besteht aus Straßen, Zebrastreifen, Ampelanlagen und Schienen. Die irritierenden Palmen stecken in ebenso irritierenden und ausrangierten Gummireifen, was bizarr aussieht und an die berühmte Formel-1-Rennstrecke von Monte Carlo erinnert. Besonders sportive Fahrer werden deshalb auch gelegentlich dazu animiert, die Spoiler ihrer frisierten Serienboliden auf den Asphalt zu drücken oder zumindest ihre Maschinen im Leerlauf kurz aufheulen zu lassen, bevor die Ampeln auf Grün springen.

Für Autofahrer war der Platz schon immer eine Herausforderung, auch damals, als hier ganz ordinäre Büsche als Dreckfänger, Abfallcontainer und Sichtblenden dienten. Die teils enge Kurvenführung gab zudem Anlass zu Fehleinschätzungen und Missverständnissen. Unentschlossene, die nicht wussten, wie man nun nach Eller, Friedrichstadt oder zum Hauptbahnhof kommen sollte, aus der Stadt heraus oder doch wieder in die Innenstadt hinein, riskierten Kopf und Kragen, wenn sie die Spuren zu spät wechseln wollten und nicht nur die anderen Ignoranten übersahen, sondern auch die Straßenbahnen. Mit den Palmen in Gummireifen, die als Pflanzkunst verstanden werden sollen, wurde der Platz verkehrstechnisch etwas entschärft.

Am schönsten ist er abends, wenn sich der Verkehr beruhigt hat und die Palmen bunt beleuchtet sind. Dann hört man auf den Terrassen der beiden Straßencafés, die es hier im Sommer gibt, die vielen Sprachen der internationalen Hotelgäste und Stadtprinzen, die den Background-Sound einer Stadt liefern, die im Norden so aussieht, als sei sie eigentlich im Süden.

Adresse Stresemannplatz | **ÖPNV** Straßenbahn 704, 709, 719, Haltestelle Stresemann-platz | **Öffnungszeiten** Ganzjährig | **Tipp** In der Mintropstraße, die vom Stresemannplatz Richtung Eller Straße führt, hat man auch heute noch eine ganz kleine Ahnung davon, wie spielautomatenbunt und auch plateausohlenkurios das Rotlichtmilieu sein kann.

100 —— Der Tausendfüßler

Als die Zukunft begann

Man sollte ihn befahren, solange er noch steht. Sein Abriss ist beschlossene Sache und in den letzten Jahren insgesamt dreimal bestätigt worden. Selbst der Eintrag in die Denkmalschutzliste für technische Bauwerke konnte ihn nicht mehr retten, auch wenn viele Düsseldorfer dies noch hofften und zumindest gedanklich bereit waren, sich an seine unverwechselbaren Y-Träger zu ketten, bevor seelenlose Abrisskommandos diesen Liebling aller Autofahrer in Schutt und Asche legen.

Denn der 1962 erbaute Tausendfüßler war nicht nur das asphaltglänzende Symbol einer aus den Trümmern direkt in die architektonische Moderne aufsteigenden Stadt. Der Tausendfüßler machte auch Spaß. Es machte Spaß, ihn gewissermaßen mit Anlauf von der Kaiserstraße aus hochzufahren und nach 400 Metern wieder hinunter, in zwei eleganten und schnellen Schwingungen zur Immermannstraße oder zur Berliner Allee, die eine städtebauliche Nachkriegserfindung ist: Diese Straße, die es zuvor nicht gegeben hatte, schlug eine neue vierspurige Schneise mit Straßenbahntrassen durch die Trümmer.

Zwischen den nachts erleuchteten Geschäftshäusern der 50er und 60er Jahre verstärkte sich auf 536 Metern, die er insgesamt lang ist, ein einzigartiges Gefühl von mobiler Selbstverständlichkeit, die auf immer grüne Wellen und nie stockenden Verkehr spekulierte, der endlos und leicht zwischen den Häusern hindurch sein Ziel finden sollte.

Dem Projekt »Kö-Bogen« und der damit verbundenen Neugestaltung des ehemaligen Jan-Wellem-Platzes muss er nun weichen. Die Straßen kommen unter die Erde. Das ist zeitgemäßer. Die Innenstadt soll wieder den Passanten gehören, den schlaflosen Konsumenten und ihrer Passion für illuminierte Schaufenster. Die Planer hoffen, das allabendliche Verwaisen dieses Viertels so verhindern zu können. Anstelle seiner Betonträger werden Platanen wie an der Rheinuferpromenade in den Himmel wachsen und die Illusion begrünen, dass in diesen abends blinden Fleck der Innenstadt das Leben zurückkehren wird.

Adresse Hofgartenstraße in Höhe der Jägerhofpassage zur Berliner Allee (Hauptarm) und zur Immermannstraße (Nebenarm) | **ÖPNV** Straßenbahn 701, 711, Haltestelle Jan-Wellem-Platz; Bus 780, 782, 785, Haltestelle Jan-Wellem-Platz | **Öffnungszeiten** Ganzjährig | **Tipp** Schauspielhaus und Thyssen-Hochhaus sind das unschlagbare architektonische Duo in diesem merkantilen Viertel.

101 — Der Trödelmarkt am Aachener Platz

Wem die Stunde schlägt

Dieser Trödelmarkt existiert schon seit mehr als 30 Jahren und stammt naturgemäß aus der romantischen Vor-eBay-Zeit, als man noch früh morgens mit Taschenlampen in unausgepackte Bananenkisten und unbekannte Existenzen leuchtete, in denen man Werte zu finden hoffte, die der Verkäufer übersehen hatte.

Es macht auch heute noch Spaß, in den Klamotten wildfremder Leute herumzuwühlen und ihnen in die Schubladen und die Unterwäsche zu schauen. Trödelmärkte sind melancholische Orte, ihr Charme beruht auf Indiskretion und Nostalgie, auf Jagdinstinkt und Sammlertrieb, auf Selbstbespiegelung und Beiläufigkeit. Der Reiz, den Mehrwert im Wertlosen zu entdecken, verbindet sich mit der Sehnsucht nach dem sentimentalen Museum des eigenen Ichs. Und manchen macht es einfach Spaß, sich für dumm verkaufen zu lassen.

Als »Konsumterror« und »Wegwerfgesellschaft« ganz geläufige Schlagworte waren, etablierte sich auch dieser Trödelmarkt als konspirative Gegenbewegung. Seine große antiquarische Zeit ist allerdings längst vorbei. Die Angebote an Sammelalben, Blechspielzeugen, kuriosen Spazierstöcken, alten Hochzeitszylindern und angeschossenen Elastolin-Soldaten sind schmal und im Preis instabil geworden. Im Antikzelt, der ursprünglichen Kraftzelle des Markts, ist wenig los.

Aber draußen ist die internationale Klientel aus Zuwanderern, Migranten, Exilanten und alten Gastarbeitern intensiv bepackt mit bis zur Besinnungslosigkeit preiswerten Lebensmitteln, Kosmetikartikeln, Textilien und Haushaltswaren. Spottpreise werden über die Menge der Käufer und Neugierigen gerufen, Gemüse und Obst fallen stündlich im Preis und gehen schließlich kistenweise über den Tresen direkt in die ungezählten Ethno-Küchen, und am Ende sind fast alle Händler unter Tränen und mit der Verzweiflung der Selbstaufgabe bereit, mit den Preisen in die tiefsten Keller herabzusteigen.

Adresse Uhlenbergstraße/Ecke Ubierstraße, Nebeneingang Münchner Straße | **ÖPNV** Straßenbahn 712, Haltestelle Aachener Platz; Bus 723, 726, 809, Haltestelle Aachener Platz | **Öffnungszeiten** Jeden Samstag | **Tipp** Das Eis von »Unbehaun« (Aachener Straße 164) genießt seit mehr als 40 Jahren absoluten Kultstatus, und es gleicht einem Sakrileg, es nicht uneingeschränkt köstlich zu finden.

102 Das »Uerige«

Immer gut gelaunt

Eigentlich müsste das »Uerige« *der* »Uerige« heißen, denn benannt ist es nach einem kantigen Braumeister, der im 19. Jahrhundert den damaligen »Bergischen Hof« übernahm und der von seinen Gästen als besonders »uerig« empfunden wurde, was so viel wie »übel gelaunt« bedeutet. Diese Launenhaftigkeit schien dennoch ihre charmanten Seiten gehabt zu haben, denn das »Uerige« hatte Erfolg und zählt auch heute noch zu den unterhaltsamsten und beliebtesten Brauhäusern in Düsseldorf. Das liegt zumindest im Sommer an dem intensiven Theater, das vor dem Brauhaus auf der Rheinstraße veranstaltet wird. An schönen Tagen ist sie vollbesetzt und zugestellt, ein abendliches Straßenfest, das schon mittags beginnt und dessen Zuschauer auch gleichzeitig die Akteure sind.

Das »Uerige« ist, vor allem in seinen alten Räumen, eines der letzten verbliebenen Reservate, in denen die empfindsame rheinische Seele mit ihrer Neigung zur heftigen Gemütlichkeit, zwischen Anteilnahme und Empörung, den Unberechenbarkeiten der Moderne widerstanden hat. Hier findet sie, mehr als anderswo, die Aufmerksamkeit, Beachtung, Neugierde und Zuwendung, die sie braucht, um überhaupt noch überleben zu können. Im hitzigen Halbdunkel des »Uerige« gleitet sie weg, hängt sich selbst und besseren Zeiten nach, blüht auf und erregt sich. Wer etwas zu sagen hat, sagt es deutlich, manchmal zu laut und mit dem ganzen Körper und ist von sich selbst und seinen gelegentlich bass erstaunten Zuhörern durchaus beeindruckt.

Man spricht Platt oder zumindest das, was man dafür hält, meist ist es ein selbst gebastelter Slang, der sich vom ungenauen Hörensagen ableitet, die Kommunikation aber enorm vereinfacht und die Dinge schnörkellos auf den Punkt bringt. Bei Alt und Mettbrötchen, bei den selten gewordenen Soleiern, die es hier noch gibt, bei importierten Spreewaldgurken und Laugenbrezeln sind alle gleich und manche natürlich etwas gleicher. Das wird gern gezeigt, und davon wird noch viel lieber gesprochen. Überhaupt erfährt man viel über Düsseldorf und darüber, wer wo gerade welche Rolle spielt, wer auf keinen grünen Zweig kommt und an wessen Ast gerade gesägt wird.

Adresse Berger Straße 1 | **ÖPNV** U70, U74, U75, U76, U77, U78, U79, Haltestelle Heinrich-Heine-Allee; Straßenbahn 703, 706, 712, 713, 715, Haltestelle Heinrich-Heine-Allee | **Öffnungszeiten** Täglich 10–24 Uhr | **Tipp** Mit ihren internationalen Restaurants und den in alle Richtungen kompatiblen Küchenangeboten ist die Berger Straße zu einer global getakteten Essstraße aufgestiegen.

103_Die Urdenbacher Kämpe

Am Niederrhein

Es ist so, als müsste man sich einfach nur hineinfallen lassen: Unterhalb der Straßen Am Alten Rhein und Baumberger Weg ist alles ganz anders, als sei das, was die Landschaft und ihren starken winddurchwehten Eindruck irgendwie stören könnte, weggeräumt. Keine Strommasten, Schornsteine oder Hochhäuser. Man ahnt sie, aber sieht sie nicht. Zumindest eine Zeit lang, wenn man durch die Kämpe hindurchgeht, sieht man unter dem weiten Himmel nur Bäume, Wiesen und manchmal ein Stück des Rheins, der hier von keinem Deich eingefasst ist. Die Kämpe ist Auenlandschaft und wird regelmäßig bei Hochwasser geflutet. Das macht zweifellos ihren etwas rauen und manchmal in Unordnung geratenen Charme aus, wenn der Fluss die Baumwurzeln umspült und der Wind die morschen Äste aus den Kronen geworfen hat.

Die Landschaft verändert sich immer, und dennoch bewahrt sie ihren ganz eigentümlichen und unverwechselbaren Charakter. Tief in der Urdenbacher Kämpe entwickelt sich schnell ein Gefühl dafür, wie der Niederrhein vor seiner Industrialisierung einmal gewesen sein muss.

Mit mehr als 300 Hektar ist die Kämpe Düsseldorfs größtes Naturschutzgebiet, aber was man erstaunt und manchmal auch sommerlich beglückt betrachtet, ist in seinem Wesen kein naturbelassenes Flussszenarium, sondern eine alte Kulturlandschaft, die nur dort, wo sie unwirtschaftlich ist, nicht genutzt wird. Die satten Wiesen unter den Pappeln und Kopfweiden werden gemäht, Pferde und Kühe stehen im Schatten der Bäume, und in den letzten Jahren wurden auch die lange vernachlässigten und unrentablen Streuobstwiesen wieder in Form gebracht: Mehr als 1 200 Obstbäume sollen in der Kämpe stehen, die während der Blüte im Frühling eine ganz eigene Poesie in diese Gegend bringen.

Die Urdenbacher Kämpe wurde in das europäische Schutzgebietsystem »Natura« aufgenommen und wird seitdem besonders gefördert. Mit etwas Glück, und wenn man sie erkennen kann, sieht man wieder sehr seltene, fast ausgestorbene Vogelarten wie den Wachtelkönig oder den gelb-schwarzen Pirol.

Adresse Gebiet um den Urdenbacher Altrhein zwischen D-Urdenbach, D-Garath, D-Hellerhof und Monheim-Baumberg | **ÖPNV** Bus 788, Haltestelle D-Mühlenplatz oder Monheim/Haus Bürgel | **Öffnungszeiten** Ganzjährig | **Tipp** In der Biologischen Station Haus Bürgel kann man nicht nur alles über die Urdenbacher Kämpe erfahren, sondern auch viele Produkte wie Honig, Obstsäfte und Brände kaufen.

104 Der Volksgarten

Menschen im Park

Von Anfang an bezeichnete der Name seine Bestimmung. Er sollte ein Garten fürs Volk sein, womit damals, in den letzten Jahren des untergehenden Kaiserreichs, nur die sogenannte einfache Bevölkerung der Arbeiterviertel, die an ihn grenzten, gemeint war. Der Park repräsentierte kein spätfeudales oder frühbürgerliches Selbstverständnis, das sich in den Restbeständen einer alten Zeit einrichtete, wie man dies etwa im Hofgarten oder in den Schlossgärten von Benrath tat.

Der Volksgarten war einfach nur da, ohne Attraktionen und groß angelegte Sichtachsen, ein vereinfachter Landschaftspark ohne Höhepunkt, und die Menschen, die ihn besuchten, waren mehr mit sich selbst und ihrem Alltag als mit der Repräsentation ihres gesellschaftlichen Status beschäftigt. Der Geist, der hier spazieren ging und an den Wochenenden auf den Picknickwiesen lagerte, war eher querulant, hemdsärmelig und zupackend und ein bisschen schräg gestellt und sperrig gegen »die da oben« – bis heute ist er der wildeste, vitalste und auch multikulturellste Park Düsseldorfs geblieben.

Nirgendwo sonst gibt es gigantischere Grills, buntere Schüsseln, schönere Decken, größere Familien, die manchmal vier Generationen umfassen, und vor allem: In keinem anderen Park gibt es mehr Kinder.

Der Volksgarten ist deshalb auch Treffpunkt, und eigentlich alle Gruppen, die ihren Neigungen und Leidenschaften nachgehen, haben ihren zumindest gedanklich abgezirkelten Bereich. Man trifft Musiker, Kiffer, Hippies, freie Radikale, Nudisten, Hobbyköche und vor allem alle Fußballnationen, die nicht nur zum Spaß, sondern immer mit Einsatz und dem nötigen Ernst für ihr Land spielen, aus dem sie oder ihre Eltern ursprünglich gekommen sind.

Erst zur Bundesgartenschau 1987 wurde der Volksgarten optisch aufgepeppt und gärtnerisch durchstrukturiert, was mit Terrassen und Ummauerungen die bunte Nischenkultur unterstützte. Mit dem sogenannten Südpark wurde der Volksgarten zu einer Parklandschaft vereint, in deren unmittelbarer Nähe, zwischen den angrenzenden Schrebergärten, es einige lauschige Kneipen gibt.

Adresse Auf'm Hennekamp, Eingang gegenüber S-Bahn-Station D-Volksgarten | **ÖPNV** Straßenbahn 706, 716, Haltestelle D-Volksgarten, S6, S7, Haltestelle D-Volksgarten | **Öffnungszeiten** Ganzjährig | **Tipp** Nur noch eine Tafel an »Haus Kolvenbach«, Stoffeler Kapellenweg 188, erinnert daran, dass sich hier bis 1945 ein Außenlager des KZ Sachsenhausen befand.

105 — Das Volkshaus

Kapitalistischer Realismus

Im Vergleich mit einigen Städten des Ruhrgebiets hat sich Düsseldorf erst verhältnismäßig spät industrialisiert, und gegen Ende des 19. Jahrhunderts gab es im gesamten Stadtgebiet nicht mehr als 3 000 gewerkschaftlich organisierte Arbeiter. Aber mit der Expansion der Stadt in ihren industriell geprägten Randgebieten wuchsen auch die Gewerkschaften, und da viele Kneipiers und Wirte nicht bereit waren, ihre großen Gesellschaftsräume an politische und zudem noch subversive Gruppen zu vermieten, wurde es notwendig, ein eigenes Versammlungshaus zu bauen.

Weihnachten 1909 eröffnet das Volkshaus als Sitz und Versammlungsort der »Freien Gewerkschaften«, ein damals hochmoderner und fast gewaltiger Komplex, der sich von der Flinger Straße bis zur Wallstraße hinzog und in dem es neben der Druckerei der »Volkzeitung« und zahlreichen Büros auch ein frühes Agitprop-Café mit Straßenterrasse gab. Als Gewerkschaftszentrale und Sitz der Sozialdemokratischen Partei war das Volkshaus seit 1932 immer wieder Überfällen der nationalsozialistischen SA ausgesetzt, und es kam vor und in dem Haus zu Aufmärschen und Prügeleien. Als am 2. Mai 1933, einen Tag nach dem noch gefeierten »Tag der Arbeit«, die Gewerkschaften in ganz Deutschland verboten wurden, besetzten Sturm-Abteilungen der NSDAP das Haus, nahmen die Funktionäre, die nicht rechtzeitig fliehen konnten, in »Schutzhaft« und verbrannten wenige Tage später ihre Symbole und Fahnen öffentlich auf dem nahen Marktplatz. Das Volkshaus wurde zum Sitz der »NS-Volkswohlfahrt«.

Nach dem Krieg bekam der Gewerkschaftsbund sein Haus zurück, verkaufte es aber an den Möbelhändler Berges. Im Oktober 1963 veranstalteten die Maler Gerhard Richter und Konrad Lueg (bekannter als Galerist Konrad Fischer) hier ein programmatisches Happening zwischen den Möbeln: »Leben mit Pop – Eine Demonstration für den Kapitalistischen Realismus«. Als oft kolportierter Begriff bildet er seitdem in der jüngsten Kunstgeschichte den ironischen Gegenpol zum Sozialistischen Realismus.

Heute wird das Jugendstilhaus vom Kaufhaus »Strauss« genutzt.

Adresse Flinger Straße 11 | **ÖPNV** U70, U74, U75, U76, U77, U78, U79, Haltestelle Heinrich-Heine-Allee | **Öffnungszeiten** Ganzjährig | **Tipp** Die Schneider-Wibbel-Gasse, die Flinger Straße und Bolker Straße verbindet, ist heute ganz spanisch. Hier bereiten sich ganze Familien in den spanischen Restaurants auf ihren nächsten Benidorm-Urlaub vor oder hängen ihren verpassten Strandchancen nach.

106 Der Yede-Gör

Sehen und essen

Seitdem die rheinischen Tapas in die immer kleiner werdenden Reservate der Brauhäuser zurückgedrängt wurden, isst kaum noch jemand, der seinen nächtlichen Heißhunger stillen will, Frikadellen, Reibekuchen oder Soleier. Zur eigentlichen Leibspeise eiliger Spät- und Fleischesser avancierte in den letzten Jahren der Döner, eine türkische Erfindung, mit der schon der Hunnenfürst Attila seine wilden Reiter bei Laune gehalten haben soll, als sie versuchten, Europa im Sturm zu nehmen.

Der vitale türkische Döner scheint mittlerweile populärer als die italienische, mit vielen Unsinnen belegte Phantasie-Pizza, die immerhin einige Jahrzehnte die kulinarische Sehnsucht nach dem Süden stillte. In Düsseldorf gibt es jede Menge Döner-Buden, und täglich scheinen es mehr zu werden, auch richtige Döner-Restaurants gibt es, in denen sich die Spieße, die ihr Geheimnis nur selten, manchmal aber skandalös preisgeben, im Rhythmus orientalischer Klänge drehen.

Wirklich Kult sind nur wenige, aber der »Yede-Gör« ist der allgemein bekannte Geheimtipp, mit dem sich jeder Döner-Freak als echter Kenner outen kann. »Yede-Gör« kann man so ungefähr mit »Sieh und iss« übersetzen, aber die ungeduldigen Mitarbeiter drängen auf schnelle Entscheidungen. Man hat kaum Zeit, zu sehen, und wer nicht absolut hitzeresistent ist, wird draußen im Stehen auf dem Bürgersteig essen oder auf der Kühlerhaube frisierter Hochglanzstücke.

An den Wochenenden hat der »Yede-Gör« rund um die Uhr auf, und die wundersam aufmerksamen Mitarbeiter säbeln im Schweiße ihres Angesichts in einem so atemberaubenden Tempo Fleisch von den Spießen und packen mit derart artistischer Sicherheit Salate und Soßen zwischen geröstete Brotscheiben, als gälte es, neue Rekorde aufzustellen. Frühmorgens, vor der Dämmerung, schmecken die Döner am besten, wenn die Nacht endet und alle, die noch unterwegs sind, ein sattes Gefühl mit in den Schlaf nehmen möchten. Aus den Autos vor dem Imbiss wummert überdrehte Mucke, Straßenbahnen kratzen vorbei, und türkische Rap-Songs sind die Beschallung für den kaputten Worringer Platz und seine existenzialistischen Tauben.

Adresse Worringer Platz 104 | **ÖPNV** Straßenbahn 704, 708, 709, 719, Haltestelle Worringer Platz | **Öffnungszeiten** Mo–Do 9–4 Uhr, am Wochenende rund um die Uhr | **Tipp** Im ehemaligen Rheinbahndepot von 1893 befindet sich heute die Musicalbühne Capitol Theater Düsseldorf, die mit mehr als 1 500 Plätzen in zwei Sälen das größte Theaterhaus in Düsseldorf ist.

107 Das »zakk«

Alternatives Frühstück

Das »Zentrum für Aktion, Kommunikation und Kultur« versteht sich als soziokulturelles Gegengewicht zu den offiziellen und »innerstädtischen« Kulturveranstaltungen. Mittlerweile selbst zum Klassiker geworden, ist das »zakk« eine feste Größe im Düsseldorfer Kultur- und Politleben, und wer ambitionierte Popmusik mit ebensolchen Zuhörern mag, findet in der umgebauten Fabrik eine der wichtigsten Alternativ-Adressen. Es spielten als Fixsterne am sperrigen Firmament der Gegenkultur unter anderem Peter Hein und Fehlfarben, Art Brut, The Kills oder Samy Deluxe, also die temporären Schwergewichte der alternativen Beschallung. Außer den Lieblingen der Indie-Musikzeitschriften »Spex« und »Visions« (die auch im benachbarten »Stahlwerk« gastieren) treten aber auch Slampoeten, Pantomimen und Propagandisten für eine bessere Welt auf.

Gegründet wurde das »zakk« als subkulturelle Alternative in den 70er Jahren. Heute bringt man es auf mehr als 500 Veranstaltungen im Jahr, und so ziemlich alles, was die Gemüter bewegt (Atomkraft, Bauchtanz, Klimawandel, Tango, Umweltzerstörung und die vielen alltäglichen Scheren im Kopf) wird debattiert und inszeniert. Zahlreiche Gruppen und Initiativen leben sich hier durch alle Alters- und Gesellschaftsschichten aus. Die Interessenlage ist bunt gemischt und wird, ähnlich wie die Republik, immer bunter.

Da die »zakk«-Anhänger mit in die Jahre gekommen sind und ihren alten Romantismen die Treue halten, gibt es außer den früheren und noch immer über die Maßen beliebten »Ü 30«-Partys heute auch »50+«-Veranstaltungen für all diejenigen, denen das Alter nicht wirklich etwas anhaben kann.

Wer die sozialen Risse in der Düsseldorfer Gesellschaft mit den Fingern befühlen und den Alltagsakteuren auf den Mund und in die Augen sehen möchte, kann dies besonders hautnah beim regelmäßig stattfindenden Erwerbslosen-Buffet tun oder bei den manchmal brisanten politischen Frühstücken, die von Attac veranstaltet werden.

Adresse Fichtenstraße 40 | **ÖPNV** Straßenbahn 706, Haltestelle Fichtenstraße; Bus 732, Haltestelle Oberbilker Markt, Bus 736, Haltestelle Pinienstraße; U75, Haltestelle Kettwiger Straße, U74, U77, Haltestelle Oberbilker Markt | **Öffnungszeiten** Kneipe und Biergarten Mo–Do ab 19, Fr ab 21, Sa ab 22 Uhr, sonst immer zu den Veranstaltungen | **Tipp** Der alte subversive Geist, der auch im »zakk« nach wie vor beschworen wird, lebt in einer etwas angegrauten Post-Punk-Variante noch immer in der nahen Kiefernstraße.

108 ___ Das ZERO-Atelier

Es werde Licht

Das Haus davor ist hässlich und schwer, graubrauner Nachkrieg, so erschütternd banal, dass man sich fragt, was damals während des Wiederaufbaus eigentlich mit den Menschen und ihren Architekten los war.

Nichts deutet auf ästhetische Gegenentwürfe hin, nichts auf die Schritte, die, immer größer werdend, und von hier aus gemacht wurden und schließlich bis in die Sahara und in die Arktis führten.

Man muss an Mülltonnen vorbei und an ein paar Garagen, aber schon hinter der Toreinfahrt sieht man es im Hof stehen, mausgrau, verkratzt, ein bisschen kubistisch bestenfalls, wenn man es freundlich ansehen möchte – das Atelierhaus von Heinz Mack und Otto Piene.

Zwischen 1957 und 1960 fanden in ihren Ateliers neun sogenannte Abendausstellungen statt, die neben den Ausstellungsaktivitäten der Galeristen Alfred Schmela (Galerie Schmela, Hunsrückenstraße) und Jean-Pierre Wilhelm (Galerie 22, Kaiserstraße) die wichtigsten Ereignisse der Düsseldorfer Kunstszene waren. Die Ausstellungen dauerten nur einen Abend, aber die ästhetischen Gesamtentwürfe, die eine ganze verstaubte Welt verändern wollten, beeinflussten schließlich die kommenden Jahrzehnte.

Im Bewusstsein ihrer außerordentlichen Bedeutung schwebte Mack und Piene (später stieß noch Günther Uecker dazu) eine gegenstandslose Kunst vor, deren Hauptmaterial das Licht sei, eine reine Kunst, die im Idealfall auf alles Gestische verzichten und ganz von der Idee einer grenzenlosen Freiheit getragen werden sollte.

Beeinflusst und beeindruckt von dem Bildhauer Constantin Brancusi und dem Maler Lucio Fontana wagten Mack und Piene, damals beide in ihren Zwanzigern, radikale Grenzüberschreitungen, deren auch mediale Höhepunkte Macks spätere Sahara- und Arktis-Projekte waren.

Mit der 7. Ausstellung 1958 erschien in ihrem Atelier »ZERO 1«, eine aus heutiger Sicht wichtige und programmatische Schrift, in deren Folge Düsseldorf zu einem Hauptort der beginnenden »ZERO«-Bewegung wurde, der sich Künstlergruppen aus Asien, Europa und Amerika anschlossen.

Adresse Gladbacher Straße 69 | **ÖPNV** Straßenbahn 707, Haltestelle Wupperstraße oder Franziusstraße; Bus 726, Haltestelle Gilbachstraße | **Öffnungszeiten** Ganzjährig (Hof; das Gebäude ist nicht öffentlich zugänglich) | **Tipp** Um die Bilker Kirche herum und in der Lorettostraße bis zum alten Polizeipräsidium entwickelt sich seit ein paar Jahren eine interessante und es mit allen gut meinende Gastro-Szene.

109 Die »Zicke«

An den Gestaden des Mittelmeers

Irgendwann wurde hier unglaublich viel geraucht. Die Wände und Decken sind, was manche Besucher sehr wehmütig stimmt, dunkel und gelb vom Nikotin zahlloser Zigaretten, deren Rauch in endlosen Abenden über endlosen Worten aufstieg und diese schönen Spuren eines genussvollen Lebens hinterließ, das keine Reue kannte.

In der »Zicke« gab es den ersten Milchkaffee, ganz original aus dicken henkellosen Tassen wie im Pariser Quartier Latin, und die Formentera- und Ibiza-Reisenden kamen nach langen Sommern braun gebrannt und gesprächig an den Tresen in der »Zicke« zurück, um zu erzählen, wie man richtig lebt und wie man mit alten Fincas Geld machen kann und stundenlang am Strand liegt, ohne sich zu langweilen.

Die Mittelmeerreisenden sind natürlich irgendwann in die Jahre gekommen, insolvent gegangen oder ganz ins Hinterland abgewandert, das sie so oft beschworen und sehnsuchtsvoll betrachtet hatten. Nur die »Zicke« hat sich selbst konserviert. Die Plakate von Filmen, die kaum noch jemand kennt, sind mit den Wänden verwachsen, andere erinnern an Kunstausstellungen vor dreißig Jahren, von denen man damals noch nicht wissen konnte, wie großartig sie eigentlich waren, und auch manche Gäste denken gern an diese freien und so naiv wilden Zeiten zurück, als man tun und lassen konnte, was man für richtig hielt, und als man noch mit zum konspirativen Vernissage-Publikum gehörte, damals, ketterauchend und mit einer schier unglaublichen Kondition.

An den Marmortischen sitzen heute vorzugsweise Lebenskünstler der immer noch wortreichen Spät-Boheme aus den umliegenden Ateliers und Kulturinstituten. Ihre so rücksichtsvollen Kinder und manchmal auch ihre nachsichtigen Enkel sitzen ein paar Tische weiter oder kellnern hier, was allen ein gutes Gefühl der Beständigkeit gibt.

Man steht gerne spät auf. Wie früher. Deshalb gibt es auch bis in den Nachmittag hinein Frühstück und spätabends Tapas, die an die fernen Inseln erinnern, die einmal als die südlichsten Stadtteile von Düsseldorf bezeichnet wurden.

Adresse Bäckerstraße 5a | **ÖPNV** Straßenbahn 704, 709, 719, Haltestelle Landtag/ Kniebrücke, U70, U74, U75, U76, U77, U78, U79, Haltestelle Heinrich-Heine-Allee | **Öffnungszeiten** Täglich 9–1 Uhr | **Tipp** Nicht mehr ganz so im Rennen wie die »Zicke«, aber doch ebenso frankophil (denn sie sieht aus wie ein Pariser Café), ist die »Marktwirtschaft« am Carlsplatz, Benrather-/Ecke Bilker Straße.

110 Der Zoo

Aber ohne Tiere

Seinen Verlust haben manche bis heute nicht verkraftet. Die Sehnsucht, exotische Tiere hinter Gittern zu betrachten, war so ungewöhnlich stark, dass noch 30 Jahre nach seiner völligen Zerstörung im Zweiten Weltkrieg, der angeblich typische Düsseldorfer als ein Mensch definiert wurde, der sich nichts sehnlicher wünscht als einen Zoo. In den 60er Jahren des letzten Jahrhunderts gab es eine regelrechte Zoohysterie, und deren Initiatoren rüttelten so stark an den eigenen kindlichen Sonntagserinnerungen, dass sie den Wiederaufbau des Zoos sogar juristisch durchboxen wollten. Zufrieden gab man sich schließlich mit dem handlicheren und weniger emotionsgeladenen Aquazoo. Zu Fischen, Pinguinen und Kaimanen entwickelt sich zwar nur selten die emotionale Nähe wie zu Eisbären, Löwen und Affen, mit denen sich Besucher gern identifizieren – Bobo, den lustigen Düsseldorfer Schimpansen, kannte damals angeblich jeder. Aber mit der Eröffnung des Aquazoos im Nordpark war die Diskussion um Kindheitserinnerungen endgültig vom Tisch.

Eröffnet wurde der in seiner Zeit als besonders schön gelobte Tiergarten 1876. Er zeigte etwa 300 Tiere, darunter mehr als 100 sogenannte Großtiere aus fernen Kontinenten, was an sich schon sensationell war. Seine landschaftliche Gestaltung war mit künstlichen Ruinen eindrucksvoll erhöht worden, sodass der Eindruck entstanden sein musste, direkt aus dem Alltag in eine abenteuerlich wilde Welt einzutreten, in der immer was los war.

Die Anziehungskraft des Zoos war so groß, dass in seiner unmittelbaren Nähe eines der exklusivsten und teuersten Wohnviertel entstand. Obwohl es mittlerweile im Ranking der Immobilienhändler »Zoo 1« und »Zoo 2« gibt, ist seine Attraktivität auch ohne tierisch bestückten Garten immer gleich hoch geblieben.

Heute ist der Zoopark, der aus dem Düsseldorfer Zoo in den 50er Jahren entstand, eher unspektakulär – ein ruhiger Park, in dem sich Rentner und Pensionäre die Bänke an das Ufer des alten Wasservogelweihers stellen und Kinder hinter einem Reststück Düssel über die Backsteinfundamente der alten Romantik-Ruinen klettern.

Adresse Brehmstraße/Grunerstraße/Mathildenstraße/Faunastraße | **ÖPNV** Straßenbahn 706, Haltestelle Brehmplatz, 708, Haltestelle Brehmplatz oder Grunerstraße | **Öffnungs-zeiten** Ganzjährig | **Tipp** Zoo-Nostalgiker haben es vermutlich immer schon gewusst: Irgendwo hier muss der Mittelpunkt von Düsseldorf sein. Er befindet sich zwar nicht direkt am Zoo, aber auch nicht weit davon entfernt: Otto-Petersen-Straße/Ecke Hans-Sachs-Straße, haben kluge Mathematiker und Vermessungstechniker herausgefunden.

111 Zwischen Luegplatz und Belsenplatz

Die andere Seite

Vielleicht ist Oberkassel, der linksrheinisch gelegene Stadtteil, der wirkliche Himmel von Düsseldorf: Er ist Frankreich ein ganzes Stück näher als die Stadtmitte, ein kleines, aber für die Lebensentwürfe seiner Bewohner nicht unwichtiges Detail, und die Oberkasseler Straßen mit ihren alten und meistens ganz schönen Bürgerhäusern zeigen ein wohltemperiertes Bild der Stadt, das selbst ihre eigenen Klischees von Schöner-wohnen-Eleganz und bürgerlicher Saturiertheit zu übertreffen scheint.

Diese lässige, aber manchmal auch bemüht bürgerliche Seite von Düsseldorf hat eine lebendige, immer zur Exklusivität und zu einem gewissen ergrauten Spät-Yuppietum neigende Kneipen- und Restaurantszene, die in ihrer fast familiären Geschlossenheit zwischen Luegallee und Belsenplatz zu den attraktiveren in Düsseldorf zählt. An den lärmigen Cocktail- und Weißwein-Tresen gibt es die mit Abstand besten Partien für Ehe-Ein- und Wieder-Aussteiger außerhalb von Königsallee und Medienhafen.

In Oberkassel gehört Status wie selbstverständlich zum Alltag, und für gewöhnlich wird darauf geachtet, ihn nicht wieder zu verlieren. Die Oberkasseler verfügen über die meisten Zweit- und Geländewagen, über blitzblanke Hunde und eine Casual-Street-Wear, die direkt den aktuellen Lifestyle-Zeitschriften entnommen wird. Die kreative Nobel-Boheme arbeitet bevorzugt in den vielen Werbe- und Ich-Agenturen um die Luegallee herum, aber auch große Namen der Kunstszene hatten oder haben ihre Ateliers und Galerien linksrheinisch: Beuys, Schmela, Strelow, Mayer, Mack, Gursky und Julia Stoschek.

Den meisten rechtsrheinischen Düsseldorfern ist Oberkassel nur von der großen Rheinkirmes im Sommer bekannt. Weiter gehen sie nicht. Man bleibt unter sich und hält eine unausgesprochene Distanz, zumal viele echte Düsseldorfer Nieder- und Oberkassel für schicke Dörfer halten, die sie auch lange waren und in einigen Straßen nach wie vor sind.

Adresse Luegallee, Barbarossaplatz, Belsenplatz und Seitenstraßen | **ÖPNV** U70, U74, U75, U76, U77, Haltestellen Luegplatz, Barbarossaplatz, Belsenplatz; Bus 833, Haltestellen Barbarossaplatz, Belsenplatz | **Öffnungszeiten** Ganzjährig | **Tipp** Nördlich der Luegallee wächst das städtische Oberkassel immer tiefer in das ländliche Niederkassel hinein. Hin und wieder kann man ländliche Töne vernehmen: Kühe, Hühner, Ziegen. Aber wie lange noch?

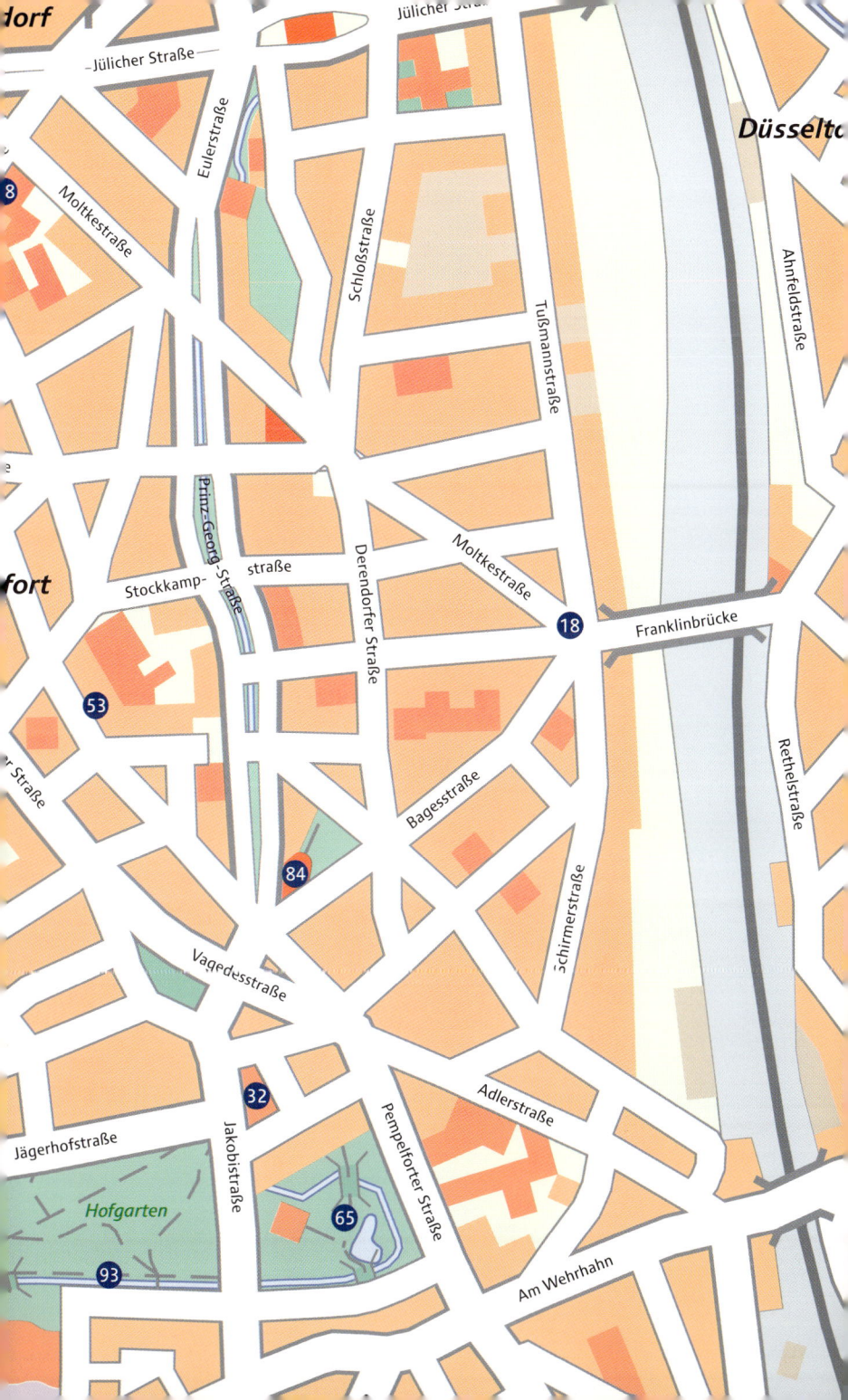

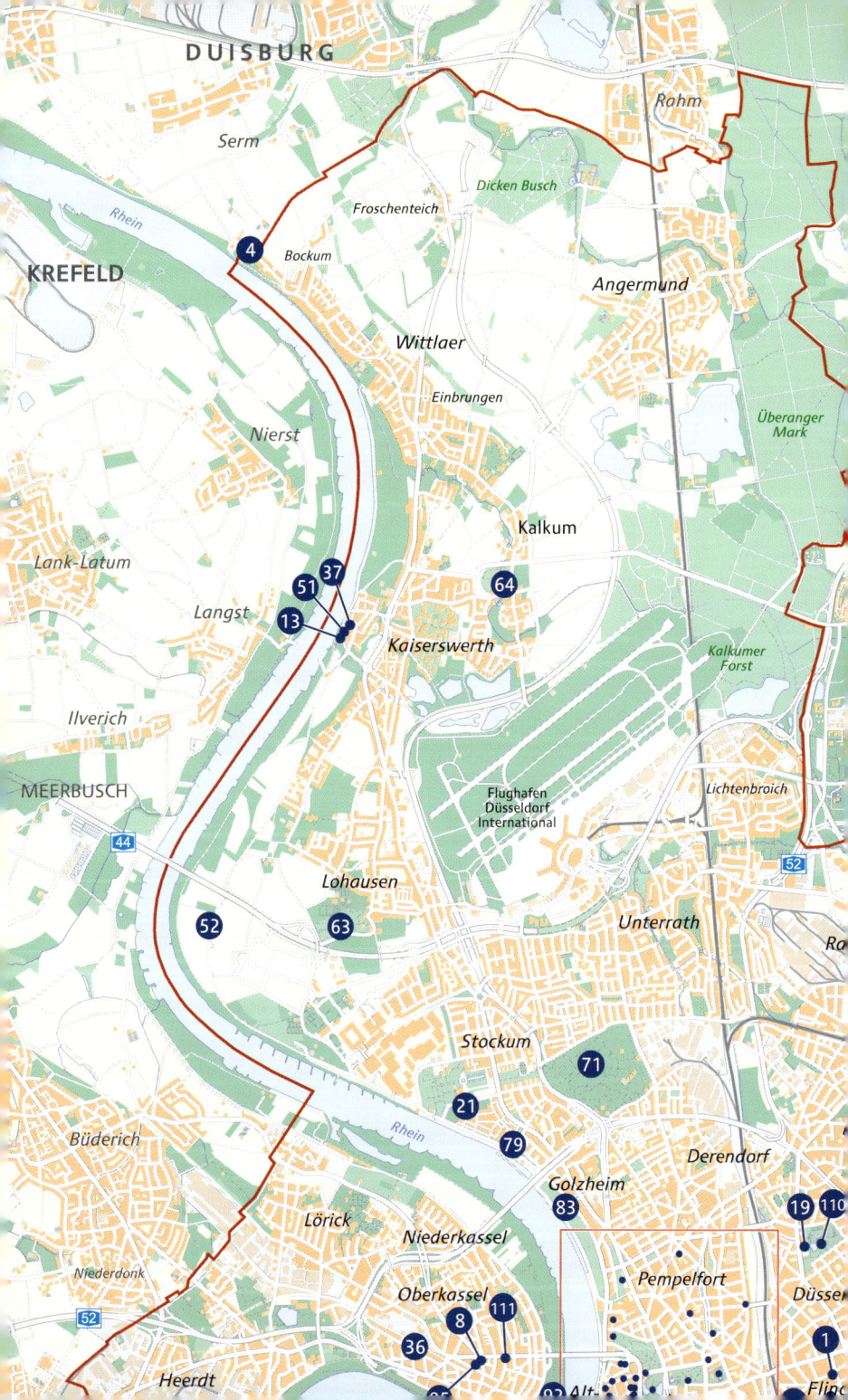

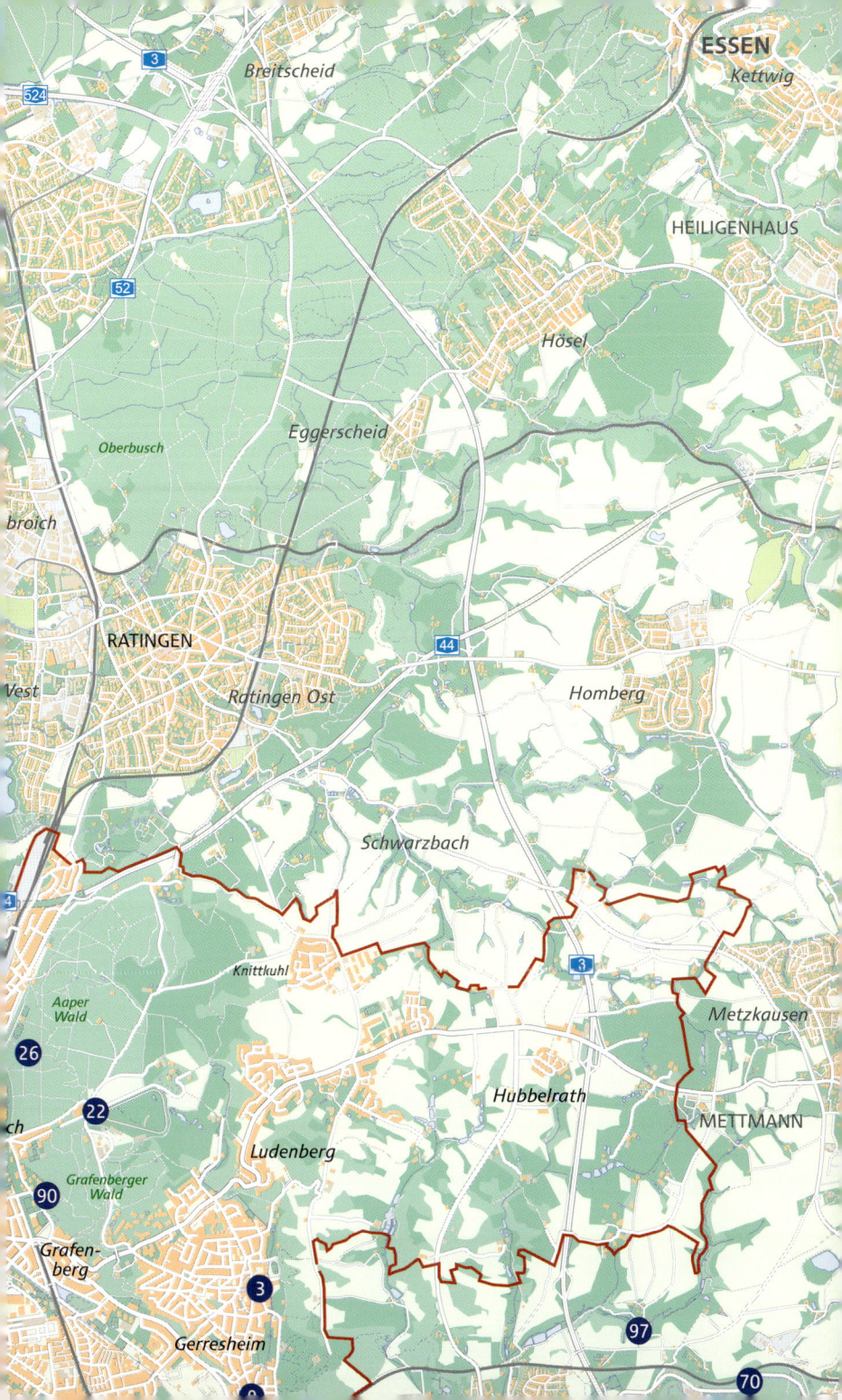

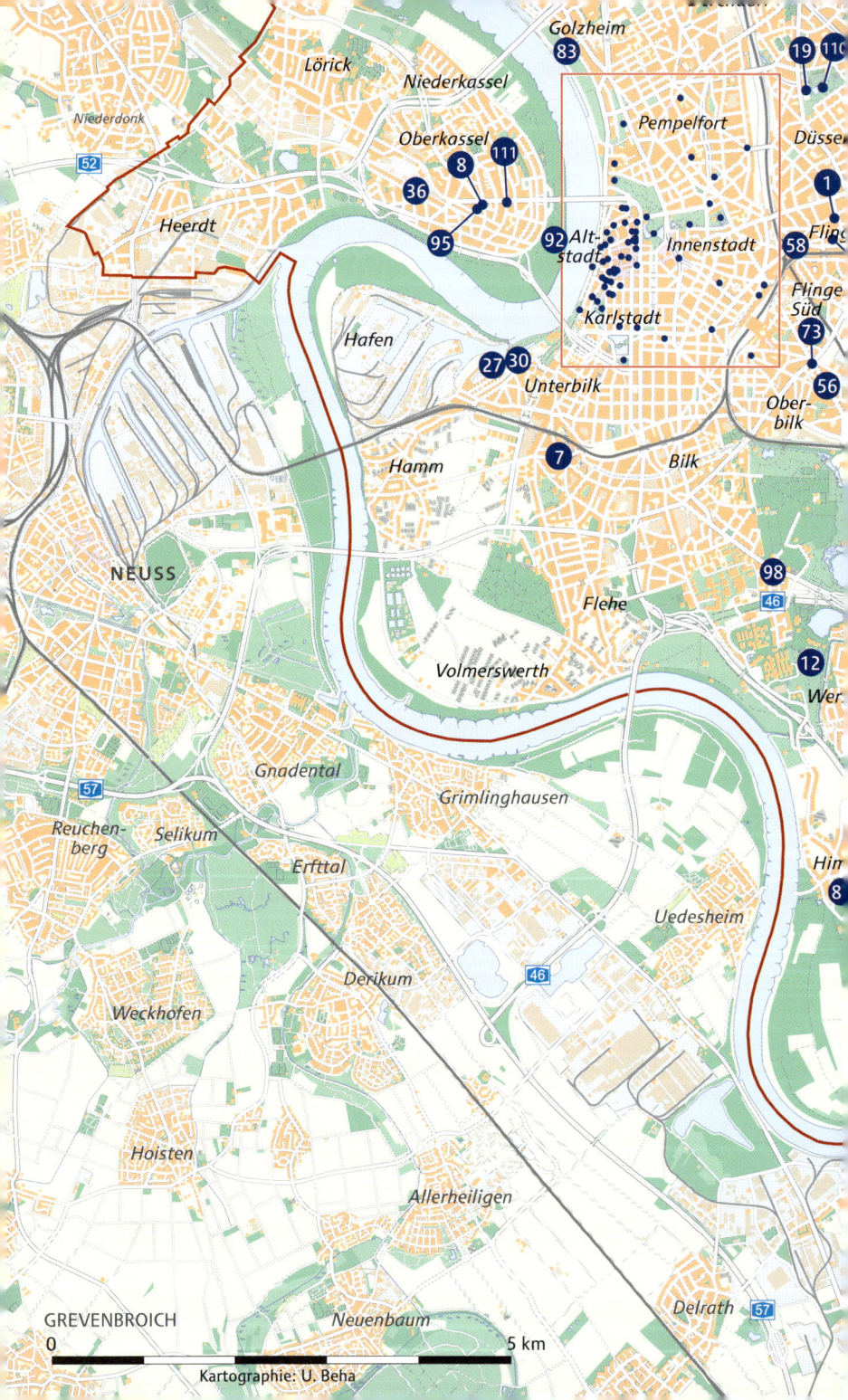

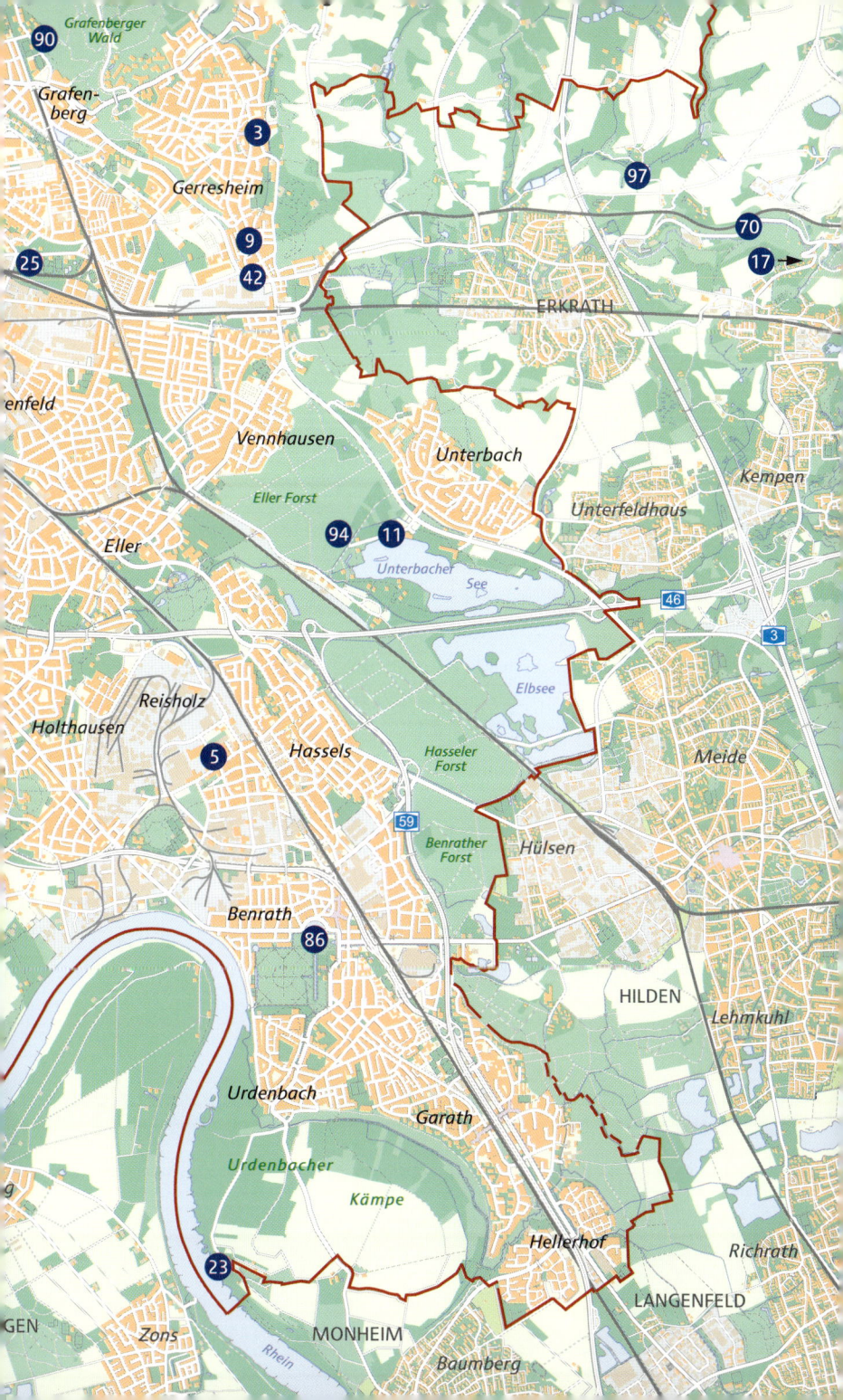

Der Autor

Peter Eickhoff arbeitet als Autor und Fotograf. Von ihm erschienen die Reiseführer »Historische Restaurants und Landgasthäuser am Niederrhein« und »Altstadt, Kö und Hafen«. Für »Cotta's kulinarischen Almanach« porträtiert er regelmäßig europäische Metropolen.

Peter Eickhoff
111 ORTE AM NIEDERRHEIN,
DIE MAN GESEHEN HABEN MUSS
zahlreiche Abbildungen
Broschur, 240 Seiten
ISBN 978-3-89705-815-6

»Ein kurzweiliges Buch, das auch Alteingesessenen noch so manchen Aha-Effekt bescheren dürfte.« Westdeutsche Zeitung

Fabian Pasalk
111 ORTE IM RUHRGEBIET,
DIE MAN GESEHEN HABEN MUSS
zahlreiche Abbildungen
Broschur, 240 Seiten
ISBN 978-3-89705-814-9

»Voodoo, Woodstock, Weltall – der etwas andere Revierführer ist selbst für Menschen aus dem Pott ein überraschendes Nachschlagewerk, das zum Entdecken des Ruhrgebiets einlädt.« WDR, Funkhaus Europa

Alexander Barth, Eckhard Heck
111 ORTE IN AACHEN UND DER EUREGIO,
DIE MAN GESEHEN HABEN MUSS
zahlreiche Abbildungen
Broschur, 240 Seiten
ISBN 978-3-89705-931-3
erscheint im Juni